聰明人從不走捷徑，夢想的路要用雙腳丈量

夏文芳——著

高寶書版集團

01 聰明沒有護城河

02 一個人真正的成長是精神的成長

目錄

04 真正厲害的人，都很可靠

目錄

01

聰明沒有護城河

比你優秀的人，往往比你更努力

劉德華是我非常尊敬的一位藝人，作為歌手，他是香港樂壇「四大天王」之一，金氏世界紀錄中獲獎最多的香港歌手；作為演員，他曾獲得三屆香港電影金像獎最佳男主角和兩屆臺灣金馬獎最佳男主角。

他也被譽為華語娛樂圈中藝人的典範、勤奮的模範、精神的代表，不誇張地說，這些年，他幾乎每一天都在努力。

二〇一八年十二月二十八日，在演唱會現場，他因為生病而無法繼續演唱，他哭著向粉絲道歉，並且還承諾要退還門票。

隨後，主辦單位發新聞稿稱，劉德華確診患上流感，需要全面休息，並且取消了近期的七場演唱會。

這個新聞一出來，有人說他敬業，有人說他對粉絲坦誠，也有一種聲音說他太不愛惜自己的身體了。

我特地把劉德華道歉的影片翻出來看了好幾遍，他說道：「醫生告訴我真的不能唱了。」然後他流著眼淚說：「我真的捨不得。」

那一刻，我的心也揪了一下。

想起前陣子在網路上看見的這句話：「那些比你優秀的人，往往比你更加努力。」事實也的確如此，這幾個月我頻繁拜訪了一些前輩和同業裡面做得很優秀的人，我有一個很深刻的感受，那就是越是優秀的人，會越努力。

記得二〇一九年的元旦，我在武漢和寫作培訓師湯小小老師的團隊一起拍祝福短影片，其實忙了一天都很累了，但是為了效果好，湯老師還是一遍一遍重新錄，直到效果滿意。錄完影片，她說讓我們早點休息，她還要寫第二天的更新文章。

難道她不累嗎？

她也累，但是，有責任，不想辜負更多人的信任和期待。就好比劉德華，他難道不知道過度用嗓的危險嗎？但他硬是堅持到最後一刻，實在不能唱了才放棄，他希望喜歡他的歌迷能聽到他的聲音。

所以，劉德華也罷，湯小小老師也好，他們都不會因為自己已經獲得一些成績了而不努力，反而會更加努力。

以前老一輩就告訴我們說：「早起的鳥兒有蟲吃。」想成功，就得在別人工作的時候你拚命工作，別人不工作的時候你還在拚命工作。

聽起來有些殘忍，但事實真的是這樣。

胡潤研究院發表的《二〇一五至尚優品：中國千萬富豪品牌傾向報告》顯示，富豪平均工作日睡眠六點六個小時，三成的億萬富豪工作日睡眠不足六個小時。

所以專家說，成功人士更能自制，生活節奏也更有條理。

不僅名人如此，我身邊一些優秀的人，其實都是非常拚命的，睡眠時間往往比我們少很多。

有一次和朋友吃飯，一位擅長中醫的朋友告訴我們，一個人每天必須睡夠八個小時。

其中有位朋友說：「別看他這麼說，最近他兩天都睡不夠八個小時。」

這位懂中醫的朋友在一家創業公司擔任高階管理人員，經常忙到睏了就在辦公室睡，最瘋狂的時候一個星期都沒回家。

他們明明知道熬夜對身體不好，為什麼還會熬夜呢？

因為他們懂得，普通人，唯有拚盡全力這一條路通往成功。

而且，一旦你開始努力，就像劉德華、湯小小老師一樣，會在想要成為更好的自己的路上，越走越遠。

當然，努力固然重要，不過呢，無論多麼拚，都要記得好好愛自己。

自從去年四月份離職成為自由撰稿人以來，為了寫出更好的文章，我經常熬夜寫稿看書，人胖了一圈不說，精神狀態也開始變得不好。

而且因為每天要花很多時間講課、和學員聊天，我的嗓子還得了聲帶結節。

有一天晚上，鐺鐺娃發了一篇文章給我，她特別提醒我，讓我在安靜的時候用心看。

我明白她的用心，她是關心我，也擔心我。

她不只一次提醒我，不要太辛苦了。

其實我何嘗不知道自己很辛苦。

這幾個月以來，我幾乎每天倒頭就睡，但只要大清早有了意識，清醒後，就立刻精神滿滿，因為有一大堆的事情等著我做，容不得我有一絲的懈怠。

那篇文章其實說的是要愛自己，要放緩腳步，我特別認可。

記得我剛開始成為自由工作者的時候，我也會每天起來做早餐，每天晚上盡量為女兒準備晚餐。

我會把家裡的音樂放到很大，然後在廚房熬湯。

我也會每天安排好固定的時間健身。

但隨著後面的事情越來越多，我把愛自己的事情都給省略了。

每天下午四點多接了女兒晨晨，要一直等到她晚上十點多睡覺後，我才有屬於自己的時間。

因為時間寶貴，所以我覺得應該用來寫作，用來進修，用來備課，用來評改學員的作業，唯獨忘記了也要留時間好好愛自己。

於是，我對自己當下做的事情做了減法，拒絕了一些自己不喜歡的事情，專注於寫作，並且成立了文芳創意寫作工作坊，帶領更多的人，用文字養活自己。

而且，我也重新開始健身，好好愛自己。

那麼，你努力了嗎？要記得身邊那些比你更優秀的人，比你要努力！

當然，努力也要記得好好愛自己！

現在聰明人不是太少，而是太多

早上起來打開社群軟體，有個學員留言給我，大意是說，自己焦慮了，因為幾個和她同時學習寫作的同學，已經開寫作培訓班了，聽說當月收入就超過六位數人民幣了。

我問她，人家賺六位數和你有什麼關係？你的目標是堅持每天寫五百字，三年內出一本自己的書啊，難道你也想去開寫作培訓班嗎？

她沉默了一陣子，承認說自己看到別人有了成績，浮躁了。

其實，我非常理解她的心情。

在這個機器人都能寫文章的時代，似乎人人都無法避免會被周圍的環境所影響，打開社群軟體，洗版的都是月入十萬人民幣、一百萬人民幣的勵志文章，幾乎人人都很聰明，都能透過「一夜暴富」來實現財富獲得。

但事實是，一旦一個人的心態變得浮躁，即使再聰明，自然無法靜心思考，行動力也會減弱，就會失去腳踏實地努力的動力，再美的夢想都只能是白日夢。

在我的職業生涯中，曾經歷了公司的高速發展，公司在全中國各地開設分公司，各地都需要總部派人去支援，而要成為一個中國市場的負責人，顯然我的經驗和閱歷是無法支撐那個局面的。加上有很多職場上的「明爭暗鬥」，我開始變得浮躁，整夜整夜睡不著覺，每天到公司後，面對一堆的事情，總是無法進入狀態。

這樣做的結果就是主管對我越來越不滿意，後來我被派去負責中國西南市場，在成都待了大半年。

當我拖著行李箱走出成都的機場，內心忽然沒有那麼焦慮了。

我反而能夠一步一步藉由各種學習迅速補足自己的短處，各項工作也安排得井然有序，雖然人在成都，但卻逐漸對全中國的業務都瞭若指掌，也給予了各個團隊應有的支援。

現在回憶起來，當一個人心煩意亂的時候，連正常水準都很難發揮，更別提成長和進步了，自然也是做不好事情的。

遺憾的是，現在的聰明人不是太少，而是太多了，大家太喜歡走捷徑，圖快速，而不願意靜下心來做好一件事情。

隨著短影片的崛起，有一個叫李子柒的農村女孩走進了人們的視野。

這個女孩在沒有專業團隊的支持下，僅憑一人之力拍出來的古風美食影片，為無數人的心靈帶來了慰藉。

二〇一六年末，短影片《自製蘭州拉麵》在網路上發表之後，單支影片播放量基本都穩定在五百萬次以上，到了二〇一七年四月，一支《秋千》短影片又為其帶來近一千萬次的播放量。

而今，她被稱為是短影片領域內的一匹黑馬，單支影片的網路播放量達一千三百萬次以上，微博話題的閱讀量過億。

看了她的成長故事，我才明白，真正的聰明人，從來不是那些想要走捷徑的人，而是認真一步一步做好當下的人。

她十四歲就輟學外出打工，當過服務生，做過夜店ＤＪ，睡過公園椅子，據說最窮的時候，連續啃過兩個月的饅頭。

在外奮鬥八年後，因奶奶生了一場重病，她毅然拋卻城市繁華回到農村盡孝。

她先是用在城市打工存下的錢開了家網路商店，為了提高網路商店的知名度，她學會了拍短影片。隨著追蹤的人越來越多，她開始拍自己做飯的影片，逐漸打造了一個「古風」形象。

她沒有為了博取流量搞怪扮醜，而是用心慢慢打造自己的每一個影片。

李子柒的成名作是《自製蘭州拉麵》，為了拍攝這個節目，她親自去拜了一個大師學習，磨練了很長時間才學會拉麵的工藝和精華。

在拍攝過程中，為了達到想要的效果，她一遍遍揉了二十多次麵。被她拍廢的麵團，她奶奶做成饢吃了半個月。

在接受採訪時她說，在內容製作上她並沒有刻意地去追求企劃，只是想展示她從小到大最熟悉不過的物品，自然地在對應的時間點，做些對應的事情。

也就是說，她不會為了更快出名而去費盡心思的企劃選題，她寧願慢一點來。

從她的身上，你感受不到任何的焦慮不安；從她身上，你看到的是循規蹈矩。正是這種不驕不躁，讓我從李子柒的身上，感受到了熱愛、努力、堅持。

所以，在短短四、五年時間，她從一個普通人，成長為被許多媒體稱之為中華傳統文化當之無愧的傳承者。

據說最近她收到了馬來西亞皇宮的邀請，真正做到中國傳統文化出海。用努力換取成長，用雙腳丈量夢想，用辛苦付出澆灌收穫，李子柒看起來很笨，其實她才是聰明人。

有人說，無論你多麼聰明，你也永遠無法逾越努力拚搏的過程。這話我很認同，尤其是在如今這個資訊化時代，我們更應該去除焦躁，靜心做事。

因為真正透過所謂「投機取巧」成功的人，背後都是默默付出了很多的努力，如果你一味做著一夜暴富夢，很容易被陷到坑裡。

總想著一次賺快錢或者一步到位，人就會變得焦慮，反而很難做出什麼成績。

我剛開始寫自媒體文章時，也有過焦慮，眼看著身邊一起學習的人，寫出的文章點閱量都超過了十萬次，有人剛寫了一篇文章就被出版社邀請出書了，我卻依然默默無名。

那陣子我瘋狂寫稿、投稿，結局是幾乎全部被退稿了。

有位文友看了我的文章，私訊問我是不是最近心情不好？

那一刻，我才意識到，其實我的焦慮，都已經透過文字傳遞出去了，又怎麼能打動編輯和讀者呢？

也是從那一刻開始，我就堅持實踐文如其人，我不再焦慮自己的文章是不是能有「十萬以上點閱」，也不再羨慕出書的人，而是用心磨練自己的每一篇文章，努力分享自己的所思所想。

神奇的是，當我不再焦慮時，我很快就在網路上寫了一篇稍微爆紅的文章，繼而被一些編輯主動約稿。

有人說，這個時代就是容易讓人浮躁，環境對人多少是有影響的，這點我承認。

如今投機取巧的門檻降低了，看起來聰明人越來越多，隨處可見「加速」「快速」這樣的詞語，好像慢了一點，就會被淘汰。

其實，一心想圖快並不是聰明的做法，真正的聰明人，是像李子柒那樣，專注於一件事情，精心磨練，機會自然會主動找到她。

所以說，現在的社會，聰明人不是太少，而是太多。

彎道可以超車，但先確保你不翻車

彎道超車這個詞最近總是出現在各種文章裡，對於剛學會開車的我來說，有點摸不著頭腦，因為交通規則明明規定，在彎道不許超車的，那樣很容易翻車。

為了徹底解除我的疑惑，我查了一些資料，弄清楚了彎道超車的來龍去脈。

「彎道超車」，原本是賽車上的一個術語，指參賽車手在拐彎處比直線跑道上更易超越對手。

而今大家多以「彎道超車」比喻危中有機，從大的方面來說，經濟發展上的每一次危機，都是產業重新布局，企業重新洗牌，新機會不斷湧現的關鍵時期；從小的方面來說，就是越是在不樂觀的環境下，反而會有新機會。

我就想起前幾年認識的一個前輩，是一個姐姐，她因為父親突然病重，需要休幾個月的假回老家陪父親。

後來父親確診是癌症末期，只有一年的時間了，她為了兼顧工作和照顧父親，把父親接到了自己所在的城市，請了看護照顧，這樣她也可以正常上下班。

公司考慮她的情況，替她安排了一個非常輕鬆也沒有什麼難度的工作，薪水也比原來低了很多。

一般人遇到這種情況，一定會很感謝公司的安排。

但那位姐姐說，不想要賤賣自己，直接辭職，一邊在家裡照顧生病的父親，一邊看書進修，考了很多專業的證書。

後來父親去世，她重新步入職場，薪資待遇是之前的好幾倍。

她透過一年多時間，提高了自己的核心競爭力，看起來是生活遇到了彎道，她卻藉由自己的方法，實現了彎道超車。

也是這位姐姐的故事，讓我相信了彎道超車的存在，但彎道超車的前提是車技要好，打鐵還須自身硬。

如果只是一味想要實現彎道超車，而不去提升自己的「車技」，很有可能會翻車。

當然，要確保不翻車，除了技術夠好，也要尊重一些遊戲規則。

前陣子忽然得到消息，說朋友小軍被警察抓起來了。

後來我才知道，三年前，他為了投資一個專案，挪用了幾百萬人民幣的公款，公司發現後，辭退了他，並要求他分期將挪用的公款還清。

小軍和許多人一樣，從鄉下到大城市發展，沒有背景也沒有資源，他也想彎道超車跑得快一點，卻將法律拋諸腦後。

而且，公司其實也給了他機會，他被公司辭退後，並沒有安心找份工作賺錢，還是一心渴望著能有彎道超車的機會。

聽說為了快點賺到錢，他還借了高利貸跑到澳門去賭博，結果是債務越來越多，承諾還公司的錢也沒有辦法還，最終激怒了公司，一紙訴狀將他送進了監獄。

想要彎道超車固然是好的，但是一定要確保不翻車，要尊重所在領域的相關規則，更要把法律放在心上，要不然就像小軍一樣，將自己的後半生過成了悲劇。

電視劇《都挺好》裡面的老二蘇明成，也是一個一心想要彎道超車最後車翻了的案例。

他從小被父母嬌生慣養，沒什麼本事，在得知自己欠了父親的錢後，就很想快點還清，得知自己的主管有個能賺錢的案子，就四處湊錢投資，指望著能夠一夜暴富。

無論妻子怎樣勸阻他也不願意放棄，最後妻子選擇了和他離婚。而他呢，自然是投資失敗，本金也不翼而飛。

當時妻子勸過他，他不懂投資，也沒有判斷能力，但是他不聽勸，最後受傷害也是活該。

仔細觀察就不難發現，那些能夠成功彎道超車的人，看起來超車只是瞬間，但其實，他們往往在距離彎道很遠的地方已經開始做準備，還有人在出發的時候，已經在規劃如何找到關鍵點超車。

最近新認識的朋友慧敏是一位收納整理師，和很多會行銷和宣傳的人不同的是，她幾乎很少對外宣傳自己，但就如此，她也能在如今這麼多做整理的人中脫穎而出。

如今的她，將工作室搬到了高級辦公大樓，不但和公家單位有緊密的合作，而且還開了整理師培訓班，看起來算是彎道超車了，其實從她決定成為整理師開始，所有的方法和理念都是自己親自實際操作過的。

她曾在四個月的時間裡，幫助三十個大家庭免費做了到府整理，自己也是在整理的過程中，找到了真正的自己，將客戶關係處理得非常好。

有人說，其實如今的機會和轉捩點很多，每個普通人都會有彎道超車的機會，那麼，想要彎道超車，除了像慧敏那樣，從一開始就踏實努力外，還需要改變固有的思考方式。

人與人之間最大的差距就是思考模式的差距，你對待一件事的看法不同，結果也就不同。

在我認識的人裡面，我的前老闆熊總，是最有前瞻性的一個人，在他的帶領下，我們團隊總是研發出引領行業趨勢的產品。

二〇一一年我們開始做手機優惠券，那時大眾網路評論還很紅，後來陸續有一些公司也開始做了。當時熊總就和我們聊天，說有沒有一種方式，可以讓優惠券不再依靠手機簡訊驗證？

後來我們就想到了銀行信用卡，並且和銀行進行商務合作，推出了平台，公司也成了第一家上市的O2O企業。

當初我們能夠彎道超車，靠的就是思考方式的改變。

所以，彎道超車是可以的，但絕對沒有任何一個彎道超車是輕鬆就能實現的。

當然，也有很多人說，如今的時代要做到彎道超車已經越來越難了，更應該有「換道超車」，這點我也很認同。

但不管是彎道超車還是換道超車，我們都不能打沒有準備的仗，不能鋌而走險違反規則，更不能像我朋友小軍一樣越過法律這條紅線。

一旦這樣做，就算你僥倖彎道超車成功了，也很難有長久的發展。

人生路漫漫，前行不易。想要超越對手更難，真正的超越，需要依靠的是審時度勢的眼光和自身的綜合實力。

在我看來，做任何事情最好做好長期久遠的打算，不要輕易彎道超車，不然容易衝出跑道，引發災難。

真正大智慧的人，往往都很笨拙

有位前輩告訴我說，你能看到的「成功」，其實都只是一種結果和表象，每一種成功的背後，必定都有一種「笨功夫」在支持。

這些年一路走來，越發感覺這句話說得有道理。

正所謂「傻人有傻福」，真正大智慧的人從不喜歡取巧的東西，也不相信什麼四兩撥千斤，反而靠的是笨功夫，凡事喜歡下笨功夫去做。

曾國藩就是一個愛用「笨」方法的人。

小時候，父親要求他讀書的時候，如果上一句讀不懂，不能讀下一句；如果這本書讀不完，不能讀下一本；如果一天的任務沒有完成，不許睡覺。

他從來沒有走過捷徑，嚴格按照父親的要求，一條路走到底。

正是這種看似「笨拙」的學習方法，培養出了他超乎常人的勤奮、吃苦、踏實精神，這才打好了基礎，為他以後不同凡響的人生之路種下了因。

後來，他帶領湘軍打敗了驍勇善戰的太平軍，用的也是最笨的辦法。

他在帶領湘軍之前，並沒有多少帶兵打仗的經驗，也不懂什麼用兵之道。之所以能贏，其實就六個字——結硬寨，打呆仗。

曾國藩從來不與敵軍硬碰硬地短兵相接，即使在勝算很大的情況下也從不主動發動攻擊，而是每到一個地方就在城外紮營，然後挖戰壕、築高牆，把進攻變成防守，先讓自己處於不敗之地。

而且，只要一有時間，曾國藩就帶領湘軍不停地挖溝，一道又一道，直到讓這個城市彈盡糧絕之後，再輕鬆克之。

曾國藩就是這樣，一座城接著一座城，一點一點地挖溝，一步步地往前，把太平天國給滅了。

《史記》記載：孔子在年輕之時曾向老子請教過做人的道理。

老子曰：「良賈深藏若虛，君子盛德，容貌若愚。」

大意是說，一個頭腦精明的商人會把貨物密藏不讓別人看見，雖然富有，卻像什麼也沒有；一個品德高尚的君子，往往像個愚鈍的人一樣，毫不外露。

的確，仔細想想就不難發現，那些真正擁有大智慧的人，往往看上去都很笨拙，不懂取巧，遇到問題只知硬鑽過去，因此也不留死角。

相反，那些有小聰明的人，不願下苦功，遇到困難要麼放棄、要麼繞著走，反而基礎打得不牢固。

所以，「笨拙」看起來是慢，其實卻是最快，是一種極「聰明」的做法；因為不懂取巧，所以不留遺弊，不會出錯，勝過一切機巧。

當然，那些所謂懂得取巧的聰明人，是比較容易得到外界的讚譽和追捧，也很容易沉浸其中不可自拔。

就好像方仲永的故事，他有天賦，他的父親認為有利可圖，就每天帶領著方仲永四處拜訪同縣的人，不讓他念書。

短期內看似走了捷徑，最終卻讓他變成了一個普通人。

身邊這樣耍小聰明反而被聰明誤的故事也有很多。

有位叫濤的男孩子，非常聰明，很善於察言觀色，大學畢業就到一個大公司做了銷售業務，直屬上司是位女主管，他很快就博得了主管的青睞。

別的業務員都自己找客戶，電話行銷、陌生拜訪，他成天圍著女主管，主管就會分配一些老客戶資源給他。

這樣就算他不那麼辛苦地跑業務，每個月也有不錯的業績獎金可拿。

後來那位女主管因為工作出了問題被辭退，新來的主管根本不吃他那一套，嚴格考核銷售人員的業績，他一個月後就被淘汰了。

因為沒有扎實的銷售基本功，他幾乎都不知道如何去尋找客戶，自然無法有業績了。

他自以為靠討好主管可以不用那麼辛苦，結局是直接被淘汰。

其實，我們也經常會遇到一些類似的聰明人，他們似乎總能發現一些小竅門，也能用一些手段繞過各種規則，並且輕而易舉地獲得一些小成就。

可是，也正是因為他們過於算計，喜歡耍小聰明，往往很難有大成就。

在我看來，和笨人比較起來，聰明人要成功，反而更要加倍努力，更要下笨功夫，因為稍有不慎，就可能會步了方仲永的後塵。

要點小聰明固然短期內能比別人走得更快，但實際上，其基礎與心態必然不穩，能力也沒有提升，最後只能限制自己未來的發展，淪為平庸者。

古話說：「以天下之至拙，應天下之至巧」，生活中，與其讓自己未來的路更難走，還不如下點笨拙的功夫，一步一個腳印，將自己的基礎打穩，為未來創造更大的成長空間。

就說小米公司吧，很多人以為小米的成功是因為雷軍那句話：「站在風口上，豬都能飛起來。」

其實卻不是如此。

在小米成立之前，雷軍就已經做了三年的 MIMU 系統。

剛開始，雷軍是一個既沒有客戶，也沒有用戶的「光桿司令」。後來他建立了一個網站，在裡面聊天、發評論、發貼文，以此和其他人成為朋友，然後將他們拉到 MIMU 論壇裡面。

他在很多城市建立 MIMU 同好會，一起聊一聊喜歡的數位產品，在這個過程中，他收集到了用戶的具體需求。比如有人說，現在的手機通話久了經常發熱，有些想要的功能無法實現，然後 MIMU 就實現了這樣的功能，可以讓用戶下載使用。

這種事情，雷軍做了三年，並且在中國各地建立了同好會，聚集了百萬忠實的會員。

今天我們看見小米多麼風光，其實背後不知道埋頭苦幹了多少個日日夜夜。

所以，那些真正的聰明人，都是有大智慧的人。他們不是一味浮躁地選擇走捷徑、處心積慮地玩心機，而是選擇沉潛下來，勤勤勉勉地學習，以「笨拙」的方法，應對一切機巧。

如今這個時代，從表面上看，好像大部分成功的人都在彎道超越，於是很多人總想獲得一切成功的捷徑。

其實，世間根本就沒有一夜暴富的美夢，成功的背後，都是「一番寒徹骨」的苦功。

有句話說，「小聰明撐不起大智慧，小算計也稱不上精明」，真正有智慧的人，往往在世人眼中都是一個笨人。

中國作家劉震雲說過：「我們民族最缺的就是笨人。因為中國聰明的人太多了，越聰明的人，越應該有一種踏實和實幹的精神。」

國學大師錢穆也曾說過：「古往今來有大成就者，訣竅無他，都是能人肯下笨勁。」

胡適也說：「這個世界聰明人太多，肯下笨功夫的人太少，所以成功者只是少數人。」

所以，做人做事不能盡要小聰明，要懂得踏踏實實的道理，投機取巧是不會長遠的。

人是怎麼廢掉的

「知乎」網站上有人問，一個人是怎麼一步一步廢掉的？

我看到這個問題，腦海裡就冒出了四個字：滿足現狀。

敲下這四個字後，我的腦海裡就冒出了前不久在商學院認識的輝哥。

在我們見面的第一天，大家都在聊為什麼要來商學院進修，已經實現人生財富自由的輝哥說，再不來他就要廢掉了！

我很好奇，為什麼會這麼說呢？他說，因為太滿足於現狀了，以至於這幾年他沒有任何的進步，整個人都懶洋洋的，提前過起了退休生活，感覺人生已經再無期盼，這難道還不是廢掉了嗎？

仔細想想，輝哥說得還挺有道理的。

雖說安逸的生活，的確讓很多人眼紅，但也容易讓人失去鬥志，隨後就會越來越懶散，直到迷失了人生的方向。

長此以往，的確人就廢掉了。

輝哥是明智的，當他意識到滿足現狀即將毀掉他時，他選擇了繼續進修，重新尋找鬥志。

這讓我想起一句特別古老的話，那就是你的心有多大，你的世界就有多大。

有時候，當我們換一種方式，不再安於現狀，反而會峰迴路轉，漸入佳境。

秦朝的李斯被很多人熟知，是因為他為秦始皇統一六國，立下了汗馬功勞。但年輕時的李斯，卻只是一名小小的糧倉管理員。他的工作是負責倉庫存糧進出的登記，日子過得渾渾噩噩，他也滿足於現狀。

有天他上廁所，不小心驚動了廁所內的一群老鼠，這群在廁所內安身的老鼠，瘦小枯乾探頭縮爪，且毛色灰暗，身上又髒又臭，讓人噁心至極。

那一刻，李斯忽然想起了自己管理的糧倉中的老鼠，那些傢伙，整日在糧倉中大快朵頤，逍遙自在，一個個吃得腦滿腸肥，皮毛油亮，與眼前廁所裡的這些老鼠相比，真是天壤之別啊！

聯想到自己，在蔡郡城裡的糧倉中做了八年小文書，從未見過外面的世界，不就如同這些廁所裡的老鼠嗎？整日在這裡掙扎，卻不知道有糧倉這樣的天堂。

於是，李斯決定換一種生活方式，不再滿足於現狀，第二天就去投奔儒學大師荀況，開始自己尋找「糧倉」的道路。

正是對現狀的不滿，才成就了他位居丞相的霸業。

可見，一個不滿足於現狀的人，人生會有更多的可能性。

或許你會說，誰一開始就滿足於現狀的啊？還不是被生活所迫！

的確，我們每個人都曾對將來有過一番打算。遺憾的是，理想與現實總是有差距的，然而滿足於生活現狀，就永遠不會有進步。

二〇一七年五月份的一天晚上，我忽然覺得，每天重複同樣工作內容的生活，真的不能繼續下去了。

二〇〇八年畢業，二〇〇九年入職到現在的公司，從職員開始一路成長到而今的職位，見證了公司從無到有、再到上市的過程，對於職位和公司的一切，熟悉得不能再熟悉了，甚至連因應行業變化帶給個人的挑戰，都變得得心應手。

一方面，說明生活很舒適，而另外一方面，說明我在原地踏步。

古人說，不進則退。在如今這個快速發展的時代，你前進得慢都是退步，又何況是不進步呢？眼看著身邊的人不斷進修，參加的業界論壇也越來越高端，而我，始終在那樣一個小圈子。內心那個不安於現狀的我，終於甦醒了。

於是我開始瘋狂參加各式各樣的進修班，期間還休息了六個月，去了自己夢想中的大草原，當我在草原上看著觸手可及的星星，當我看著牛羊悠閒地吃著草，我下定決心，好好工作的同時，一定要開始寫作，絕對不能滿足於現狀。

於是，我開了自己的微信公眾號，開始向別人投稿，有了自己的粉絲，每個月有了固定的收入，雖不多但也是額外的收益。

貌似生活又開始安逸了，慶幸的是，我遇到了願意提點我的前輩，告訴我不能滿足於現狀。

於是，我來到了「知乎」，短短的時間，居然得到了這麼多讚和追蹤，而我，也越發意識到自己還需要不斷學習，所以就為自己制定了系列的專題閱讀計畫。

說了這麼多我的故事，其實我想表達的是，之所以滿足於現狀會讓一個人廢掉，主要的原因是，滿足於現狀的人，會忘記學習和成長，人生自然會走下坡路。

或許還會有人說，老祖宗不是說「知足常樂」嗎？怎麼就變成了滿足現狀會讓一個人廢掉呢？

其實，知足和滿足是有本質的區別的。

知足是一種富足飽滿的人生心態，是一種來自內心深處的美好情懷，是對現有人生的自信、豁達、平和、愉悅的關注與認可。

而滿足則是一種遲鈍靜止的人生狀態，對周遭一切不再關注後，原地踏步不動。

俗話說，做人需要知足，做事不可滿足。懂得做人知足，我們就不會把精力和心思放在一些不重要的、虛浮的東西上，專注於內心的安寧。而有了做事永不滿足的鬥志，我們才會勇於攀登人生的頂峰，也才有可能擁有多彩斑斕的一生。

遺憾的是，現實生活中的我們也只是凡人，很多人都會像輝哥一樣，滿足於現狀。

那麼，我們要怎麼樣做，才能盡可能避免陷入這樣的惡性循環呢？

我覺得有三個方法可以幫助到我們：

第一，時刻反省自己。

曾子曰：「吾日三省吾身——為人謀而不忠乎？與朋友交而不信乎？傳不習乎？」

我們雖做不到每日三省吾身，但定期反省自己，有沒有陷入舒適圈？有沒有懈怠？多檢查自己的心理狀態，就會提早發現自己滿足現狀的苗頭，將其扼殺在搖籃裡。

第二，有了目標馬上行動。

我們的想法很多，卻苦於總是實現不了，根本原因就是不行動，這也容易讓我們滿足於現狀。所以，一旦有了目標，就馬上付諸行動，這樣會讓你變得積極起來，並對生活更加熱情。

第三，永遠要對生活充滿希望。

人生有希望才有活路，所以任何時候，我們都要對當下的生活充滿希望，希望會激發我們對目標達成的渴望。而且，一個心中充滿希望的人，就是一個躍躍欲試的人，自然就不會滿足於現狀了。

總之，始終都要抱有對生活的熱情，才會讓日子越過越有滋味。

魯迅說過，不滿是向上的車輪，也就是說，優秀的人總是在不滿現狀中追求進步。

想想身邊那些沒有什麼成就的人，大部分都是半路獲得小成就後停下來，滿足於現有的生存狀態，漫無目的地走以後的路。

而那些有所成就的人，無一不是始終不滿與現狀，將每個小成就，當成是人生的一個節點。一個人過於安於現狀，顯然是不會有什麼大作為的；一個人唯有不滿足於目前的成就，積極向上攀登，才能使自己的潛力得到充分的發揮。

那麼，你滿足於現狀了嗎？反正我是不滿足的。

你混日子，日子就混你

你在年初的時候不努力，待到年底，就只能配得上你現在的生活。

你在風華正茂的年紀虛度時日，待到而立之年，就只能配得上你糟糕的一生。

每當一年結束，很多人就會開始為過去的一年裡自己的不作為懊悔，甚至有人沉浸於其中不可自拔。

「唉，一年又白活了，沒存到錢也沒學到本事。」昨晚，小軍在群組裡發了一則訊息。

我正想著如何安慰他呢，劉麗發了一則私訊給我：「千萬別搭理他。」

她讓我去看看小軍的社群動態，就什麼都明白了，出於好奇，我快速瀏覽了他的動態貼文：

又喝多了。

這家公司老闆不可靠。

不就開會遲到嗎？至於發那麼大的火嗎？

……

宿醉、抱怨、訴苦……

小軍的社群動態像極了公共場合的吸菸室，不抽菸的人路過都會被嗆著。

說實話，這樣經營生活，想把日子過好，的確有點難。

「他活該總是失業。他啊，只配過這樣的生活。」劉麗的毒舌是出了名的，但這一次，我覺得她說得有道理。

為什麼？

因為今天的惡果都是他往日的不作為造就的。

王健大學畢業，大學學的土木工程，畢業後嫌本職工作太無趣，跳到一家醫療器械公司做銷售，中途因為回扣的原因被解僱。

據說這些年，他逮人就吐槽公司老闆和上司，而且幾乎每隔一段時間就換一個新的工作。

這些年，他生活中最大的變化就是身邊的朋友越來越少了，大家由最初的同情，慢慢地轉化為嫌棄，並最終遠離他。

年近四十歲，無一技之長，無固定工作，未來幾十年他的日子，我們是可以想像到的。

這讓我想起了電視劇《士兵突擊》裡那句很有名的台詞：「你現在混日子，小心將來日子混了你。」

你混日子，日子也會混你，唯有你好好對待日子，日子才不會辜負你。

王健是很多人的縮影，稍加留意就會發現，每個人身邊都有幾個王健。

在該努力的年紀蹉跎歲月，然後眼睜睜地看著身邊人的日子越過越好，就開始抱怨命運對自己的不公。

他們從沒想過，別人光鮮亮麗的背後，付出了多少。

之前有朋友參加了全球女性菁英創新創業千人峰會，嘉賓都是企業高階管理者和創業公司老闆，其中很多人除了本職工作，還是新媒體寫手、各類培訓師等。

總之，她們就是人們眼中的佼佼者、成功者。

與會的朋友，告訴我一個資訊，那些女性菁英認為每天睡六個小時很多了，三個小時是常有的事。

這讓我想起了前幾天一起吃過飯的一個姐姐，她兩年前開始創業，現在公司主營業務已有非常穩定的發展，正在開拓新的業務。

聊起兩年的辛苦，她淡淡地說：「因為喜歡，所以不覺得累，就是太忙，染頭髮的頻率趕不上頭髮變白的速度了。」

說話間，我仔細看了一眼，的確，無數根白頭髮倔強地從頭皮裡擠出來，顯得很扎眼，更扎心。

我低下頭，眼睛濕潤了，從零開始的創業，箇中艱辛只有當事人才能感同身受，提前白了的頭髮，就是最好的見證。

那些我們羨慕的強者們，遠比我們想像的要努力得多，也正是因為他們過去一直以來的努力，才擁有了眼下讓我們羨慕的生活。

說白了，他們配得上現在擁有的。

你就只配得上現在的生活。這話很扎心，但更扎心的是，你的能力配不上你得到的。

那就會像《易經》說的那樣：「德不配位，必有災殃。」

大家應該還記得電視劇《歡樂頌》中的紈褲子弟曲連傑吧？

他擁有讓人羨慕的有錢老爸，什麼都不用做，就可以在一家公司任高階管理職位，而這對於不學無術的他來說，反而意味著災難。

由於不懂經營，又不虛心學習，在其接手公司業務的半年時間裡，直接造成了三百萬人民幣的經濟損失。

被踢出公司後，又跑去賭博，欠下一億人民幣的賭債。他的悲劇，就是因為個人的能力和所擁有的不相配導致的。

不努力，就算你擁有傲人的財富也無法駕馭。

有人說，你怎麼樣對待世界，世界就怎麼樣對待你。

我們都討厭自己的平庸，渴望生活是五彩斑斕的。我們卻忘了，雖說每個人都配得上更好的生活，但生活方式卻是自己選擇的。

捫心自問一下，你現在的努力，配得上你將來想要的生活嗎？

不運動，卻總幻想著變瘦。

總熬夜，卻幻想著皮膚變好。

不甘平庸，卻又不行動。

……

稻盛和夫曾在書中說過：「在如此的人生裡，為自己寫好腳本的人與庸庸碌碌混日子的人，有著天壤之別。」

其實，生活對我們是最公平的，它不會辜負任何一個真正有目標又很努力的人。對只懂抱怨、不知改變的人，生活能給的，也只有重重的耳光。

正所謂「可憐之人必有可恨之處」，就是這個道理。

能用汗水解決的問題，就不要用淚水

中國作家蘇心講過這樣一段話：「現在用汗水解決的事，不要留著以後用淚水，況且，淚水也解決不了任何問題。」

她認為，人生就是一個存錢筒，你投入的每一分努力，都會在未來的某一天，打包還給你。這點我深以為然。就像古話說的那樣，先苦後甜，如果你在該奮鬥的年紀怕流汗偷了懶，將來遇到困難只能以淚洗面。

電視劇《都挺好》裡面的二哥蘇明成，小時候被父母百般寵愛，該念書的時候不好好念書，畢業了父母幫忙安排好工作，要結婚了父母就準備好婚房，完全是一個沒有生存能力的巨嬰。後來母親忽然離世，靠山沒有了，工作、生活就被他搞得一團糟，最後投資失敗，妻子也和他離婚了。

看起來小時候很幸福，不用為任何事情操心，更談不上流汗了，到了中年，遇到困難時只能流眼淚。

而妹妹蘇明玉和他恰恰相反，由於是女孩子從小不被待見，她十八歲就選擇離開父母靠自己養活自己，練了一身的本領，在職場上也是一把好手，住著別墅開著好車。

當家裡遇上了問題，她該出錢出錢，該出力出力。這和只會流眼淚的二哥蘇明成形成了鮮明的對比。

其實，人這一輩子真的很長，在你最終抵達自己想要的生活之前，每個人都會遇到困難和障礙。這時候最好的做法是要用汗水去解決它，而不是等到將來的某一天後悔莫及，只能用淚水面對。

前幾天有個湖北的朋友聊到她現在的生活，說目前的生活算是比較愜意的，在一個有專業門檻的公司從事技術工作，每個月的技術補助就相當於很多人的薪水了。

我問她是怎麼拿到這個技術補助的？

她說，十幾年前，相關機構有一個認證類的考試，只要拿到證書，就能每年享受一定金額的補助。

同事們都覺得考試太難了，當時只有幾個年輕人報了名。

她想著人不能只看眼前，就也跟著報了名。

隨後的日子，用她自己的話來說，簡直是「生不如死」，白天要上班，晚上回家要帶孩子，要念的科目還非常多，加上她本身教育程度就不夠，念起書來就更加費勁了。

無數個夜晚，她累到滿頭大汗都顧不上擦，那些專業的知識重點，她硬是死記硬背了下來。

考試通過後，所有人都不敢相信是真的。

「現在他們都很羨慕我這份補助，可誰又知道當年我付出了多少呢？」她說，現在公司和她同時期的同事都很羨慕她，可當年她流汗的時候，他們又在幹嘛呢？

她真的是一個非常有遠見的人，而看得遠的人，往往都明白，能用汗水解決的問題，就別用淚水，因為用汗水努力去生活，人生才會更自由。

龍應台在《野火集》裡說過這樣一段話：在你沒有親身試過以前，你不能說「不可能」！在你沒有努力奮鬥過以前，你也不能談「無力感」。

很多人在該奮鬥的年紀不選擇流汗，常常是被自己認為的「不可能」嚇退的。

小茉是一名機構的諮商心理師，一年前我們探索副業的時候，我就建議她可以在網際網路上幫大家做心理諮商，因為她有著非常多的實戰經驗。

她第一個反應就是自己沒有做過，肯定做不好。

我記得很清楚，她當時列舉了一堆網路上做諮商的缺點。可問題是，明明有很多人已經做得很好了。

一年過去了，我身邊很多資歷和經驗不如她的人，都變了現，她還在原地，依然會在社群軟體上抱怨說現在的工作多麼不順心。

她明明可以透過努力多一份收入，隨著副業收入的增加，她可以隨時離開現在並不喜歡的工作。

但她內心深處其實是害怕失敗，害怕付出，不想流汗付出，那就只能面對不堪的現實流淚了。

小妹的成績很不好，因為是家裡最小的孩子，我們幾個姊姊都很護著她，畢業後她賺的錢，幾乎都被自己揮霍掉了。

後來她結婚生了孩子，日常開銷越來越大，她選中了和田玉的行業，去年下定決心去武漢地質大學考珠寶鑑定師。其間我剛好去武漢辦事，她來看我，大半夜還在背書，我開玩笑說，你比上學的時候可認真多了！

她說，就是因為小時候讀書少，現在才要更加努力。

小妹算是幸運的，她已經意識到努力的重要性了，而只要願意努力，其實現在開始也不晚。

在你選擇努力的路上，無論是遇到質疑也好，不理解也罷，這都是無法避免的，一個人想要證明自己，其實是有兩條路可選的，一條是哭哭啼啼地扮可憐，一條是憑藉自己的實力和能力去解決問題。

但始終都要記得，只有付出汗水的努力，才能讓我們開創新的格局，能靠汗水解決的，就不要隨便流淚。

你這麼努力，到底為了什麼

電視劇《都挺好》最近在中國特別紅，很多人都在感慨姚晨扮演的蘇明玉從小受到不公平的待遇真的很慘，我也不例外，尤其是看見她被二哥打的情節，更是替她感到不公平。但也有一個事實，就是在三個孩子裡面，無論是事業上還是經濟上，她都是最有自主權的那個。

媽媽離世，她可以包攬一切開銷，家裡人有任何困難，她都有能力幫忙解決。

這一切，都因為她遇到了師傅老蒙，是師傅對她說的一句話，讓她的人生從此有了方向。

明玉和家裡人翻臉以後，就開始靠辛苦打工養活自己，而且她的夢想是出國留學。在一個很普通的日子，她正賣力地發傳單，遇到了路過的老蒙，她執著地向他推薦英語班。

可能是她太執著了，老蒙問明玉這麼努力為了什麼？

明玉說，是為了賺夠錢出國留學，但是當老蒙算了一筆帳之後，發現以明玉目前的賺錢理念，花很久的時間，也有可能實現不了自己的夢想。

這為明玉打開了一個新的世界。她因此開始跟老蒙做事，實現了個人價值的最大化。

有網友覺得，老蒙的賺錢理念對明玉的影響最大，這點我不否認，但在我看來，其實就是老蒙的那句話，對明玉影響最大，那就是他問她：「你這麼努力到底為了什麼？」

因為，在我們前進的路上，我們最容易遺忘的，就是自己為什麼出發。

老蒙幫明玉算的那筆帳，難道她不會算嗎？她當然會，但為什麼直到老蒙指出來，她才頓悟呢？那是因為，在我們前進的路上，有時候不是自己忘記了為什麼出發，而是我們會下意識地強迫自己不去想結果，因為結果太殘忍。

我打個比方，你明明知道，晚上吃了一頓肉，減肥計畫就會大打折扣，但是當你把肉放進嘴裡的時候，你還是不會提醒自己停止。如果旁邊有人提醒你，你就會收斂很多。

所以，一旦你選擇開始出發，一定要時刻問自己：「你為什麼要這麼努力？」

記得初心，才會在前進的過程中，不至於走歪了路。

前幾天，有個新近認識的網友找我聊天，是個男生，他說，看見我依然在堅持寫作，真的好羨慕，然後覺得自己現在的日子，過得一點都不開心。

他的故事是這樣的：

和我一樣，他出生在中國北方一個山村，從小就特別喜歡畫畫，而且畫得很好，但那時候學習畫畫，學費很貴，而且還要經常買顏料畫筆什麼的。

所以，他大學就選擇了師範學校，因為學費低，而且還有補助。

他告訴我，當初他就暗暗下定決心，等他賺到錢了，就去學習畫畫。

我問他現在賺到錢了嗎？他說賺到了！

我問他，你學習畫畫了嗎？

他說沒有！理由是，時間全部用來賺錢了，而且後來又結了婚，有了孩子，時間被工作和家庭全部占滿了，只能在午夜夢迴的時候，暗自祭奠一下自己逝去的夢想。

我問他，真的忙到連每天抽出十分鐘畫畫的時間都沒有嗎？何況如今的網路發達，學習和分享都是如此的便捷。

他沒有回覆我了，我也沒有再追問。

每個人都有不得已的苦衷，但是我敢篤定的是，他這些年，一定是忘記了自己為什麼而努力。如果他知道，自己的夢想是畫畫，那麼，無論再苦再累，他都會堅持下來，而不至於幾十年了，夢想還停留在因為沒錢而夭折的那個瞬間。

太可惜了。

而他的故事，又何止發生在他一個人的身上呢？我們有多少人，還記得自己的夢想呢？

追蹤我的粉絲們應該有留意到，最近我在社群動態，發了一些我之前寫作的故事，當我重新再看二十年前，一位編輯寫給我的手寫信，我的眼淚止不住流了下來。

很多人都說，自己當年也有過寫作夢，可惜，沒有堅持。

是啊，畢竟生活中的變化太多了，誰都無法確保明天會發生什麼，那麼，我們該如何才能時刻謹記自己為什麼要努力呢？

我分享幾個小的經驗：

一、把你的夢想盡可能地多多告訴其他人。

這個方法，其實是我回頭看自己走過的路，總結出來的。

我喜歡寫作，夢想是成為一名作家，小時候我就告訴老師，告訴同學，所以，在同學們的記憶中，我就是作文寫得好的那個人，我難得參加的幾次同學聚會，大家也會提起這件事情，這無形之中就是對我的一種警醒。

你可以告訴你的家人、你的閨密、你的朋友，他們有意無意都會提醒你。

二、保留承載你夢想的一些物品。

前幾天和一個朋友聊天，她說，婚後她就把和前男友相關的一切信件照片都扔掉了。這說明什麼？說明她要放下過去那段感情了。反之，如果你不放棄，那就盡可能地多多保留，這個是因人而異的。

以我自己為例，我把小時候我寫的作文、摘抄本、我辦的校報、我大學時寫的文章……幾乎都是隨時帶在身邊，定期就會去翻看一下，提醒自己，今天所有的努力，都是為了有一天，可以做自己真正熱愛的事情。

三、立刻開始行動。

想再多不如立刻開始行動，在我身邊，進步快的人，都是行動力超強的人。

朋友嚕啦啦說，她想做社群平台訓練營的時候，其實心裡沒底，畢竟沒有做過訓練營。

但另外一個聲音告訴她，必須立刻行動，要不然別人就會搶了先機。於是她第一期的學員幾乎都是身邊的朋友，不過也順利發展到了第五期，而且越做越好。

所以，如果你看完我這篇文章，你想起了自己為什麼而努力，你想起了自己的夢想，不要再去懊悔，而是立刻行動起來。

比如開始寫、開始講、開始讀……

當下就是最早的開始了！

凡事留心的人，最好命

記得有次看完湯小小老師的微信公眾號更新文章，感覺她的視角很獨特，於是我留言給她：「每次都被湯老師的視角驚訝到，我怎麼就想不到？」她很快就回覆了：「多留心一下就想到了。」

是啊，多留心，乍聽是一句很普通的話，但細細想來，確實非常有道理。因為凡事多留心的人，往往更容易得到命運的垂青。

小嬌就是其中一個。

一次和客戶吃飯，對方團隊裡有位主管是個年輕的女孩子，期間去洗手間的次數很多。其他人都忙著聊天吃飯，自然沒人留意到。

過了一陣子，有服務生端了一杯紅糖水給那個女孩子。

女孩子正驚訝服務生怎麼會知道她不舒服而且需要喝紅糖水呢？就收到了小嬌的訊息提醒，告訴她多喝水，不舒服可以出去休息一下。

那位主管當時一定是很感動的，臨走時，單獨發了一張名片給小嬌。

其實小嬌只是一名專案助理，這一次能一起吃飯，主要是因為包廂的預定和點菜是她負責的。她日常的工作就是協助專案經理跟進專案進度。

後來我們和那個客戶有一個新專案的合作，對方負責人正是那個主管，她指定要小嬌作為專案經理。

我後來向那個主管確認原因的時候，她說：「一個連別人努力掩飾的痛苦表情都能留心到的人，工作上也一定會非常注意細節，有責任心。」

小嬌凡事留心的特點，讓她在職場上得到了一個迅速往上爬的機會。秦簡在小說《重生之高門嫡女》說過：「留心別人做的一切，留心天下事，常言道，世事洞明皆學問，人情練達即文章。你要學習一切，留心一切。」

妹妹最近對新來的店員讚不絕口。「她真的很有心，那天我就隨便說了一句燈光顏色不對，她就自己主動調整了。」妹妹一邊讓我看店裡的監控錄影，一邊打電話給店員提醒她要注意安全。

我仔細一看，那個店員真的站在一個高凳子上，在左右扭動著燈管。

妹妹的服裝店很小，所以燈光就很重要了。前幾天她發現有個燈的光投在牆面上有黑影，就隨口說了一句，準備找人來修，這個店員就留心了。

她之前的店員就和現在的這個形成了鮮明的對比。

單就替展示模特兒更換衣服這件事情，妹妹就被氣得半死。

妹妹要求每個星期都要替店內的所有展示模特兒更換一套衣服，之前的店員從來沒有按時更換過。

每次妹妹去店裡面都會親自更換，之前的店員也沒有覺得不好意思。

有一次妹妹實在忍不住，主動問她：「你沒發現展示模特兒的衣服都換過了嗎？」她居然說：「啊？我怎麼看不出來。」

「她就是不留心，不長心。」妹妹每次提到那個店員，都是一肚子火。

而且，凡事不留心也就罷了，最不能忍受的就是業績差，經常連續幾天沒入帳。

後來妹妹主動把她解僱了。一個凡是不留心、不注重細節的人，也無法指望她做好其他事情，就更別提有好的業績了。

其實，一個人凡事是不是留心，就暴露了他的工作態度、生活態度，凡事都不留心、看不到細節的人，自然也不會把眼下的生活或者工作當一回事。

有人說，這是一個細節取勝的年代，任何方面要想有所成效，對於細節的處理都必須精益求精。

在生活中，只要你細心、留意地去觀察，思考一朵花、一棵草、一片紙屑等看似非常平凡的事物，在潛心格物中一定會有很多新的發現。

中國作家汪曾祺在其《歲朝清供》說過這樣一段話：「如果平日留心，積學有素，就會如有源之水，觸處成文。否則就會下筆枯窘，想要用一個詞句，一時卻找它不出。語言是要磨練，要學的。」

其實，我覺得這句話不僅適用於寫作，也適用於生活和工作。

長期堅持凡事留心，就會養成善於觀察和思考的好習慣，也更容易保持好奇心。

透過留心觀察得來的資訊帶動思考，長此以往，我們會慢慢改變思考方式，認知能力也會慢慢提升。人生格局自然也就不同了。

讀商學院的時候，我認識了一位大哥，他說，自己做了十幾年生意，每次選擇行業都很準，訣竅就是他善於觀察，事事留心。

他告訴我，無論去到哪個城市，他都會觀察路邊生意好的店鋪，對於當地做得不錯的企業，他都盡可能去拜訪學習，所以，他總是能更快地發現新的商機。

在牛頓之前，蘋果一定也砸中了很多人的頭，只可惜，只有牛頓留心，才發現了萬有引力。機會對每個人來說都是平等的，但是它只鍾情於事事留心、處處在意的人。

一流人才和三流人才的差距，就在這一點

職場中普遍存在這樣一個怪現象：有一些人，看起來不是那麼努力，但工作成果總是很顯著，很容易就得到升職加薪的機會；而有些人，看起來和別人一樣勤奮，天天加班，拚死拚活到頭來卻總是碌碌無為，更是無緣升職加薪。

為什麼呢？

為過程鼓掌但只為結果埋單

有人說，職場和上學考試一樣，不管你平時天天玩還是念書到大半夜，最後只看成績。的確，職場上，無論你付出多少，衡量你工作是否優秀的重要指標，還是你完成了多少工作成果。

有個故事就說明了這一點：

從前，在一座寺廟內有一個小和尚負責撞鐘，半年後，住持宣布調他到後院劈柴挑水，原因是他不能擔任撞鐘一職。

小和尚很不服氣，去問住持：「我撞的鐘難道不準時、不響亮嗎？」老住持告訴他：「你撞的鐘雖然很準時，很響亮，但鐘聲空泛、疲軟、沒有感召力。」住持認為，好的鐘聲不僅要響亮，而且要圓潤、渾厚、深沉、悠遠。

小和尚犯的錯誤，很多職場人士也在犯，就是認為只要完成工作就好了，而不去管工作成果是否是公司所需要的。

這樣做的結果，輕則就像小和尚一樣被調職，和升職加薪無緣，嚴重的還可能被公司辭退。因為每個企業都有自己的發展目標，具體包括對社會的貢獻目標、市場目標、開發目標和利益目標，而這些目標是由每個員工的工作成果組成的。

而所謂的「工作成果」，在我看來，大的層面就是未來的遠景和目標，小的層面就是做一件事情產生的結果。

以一家軟體銷售公司當月要完成一百萬人民幣銷售額的市場目標為例，二十個銷售人員的工作成果就是每人至少完成五萬人民幣的銷售額，這五萬人民幣就是每個銷售人員的工作成果。

一個員工單純地做事只是在完成任務，充其量得到的是苦勞，而其做事的結果才是判斷有無功勞的基礎。管理專家也指出，老闆在加薪和提拔時，往往不是因為你本職工作做得好，而是你做出了哪些工作成果。

說白了，你是不是一個優秀的員工，除忠誠以外，更大程度上還需要你做出工作成果，為公司創造價值。

完成任務≠有工作成果

工作中，經常聽到員工說：「我已經按照您說的做了。」

比如，主管讓你回覆郵件給客戶，你很快就回覆了，然後你就認為任務完成了，卻沒有去想主管讓你回覆郵件的目的是什麼。

主管要的結果，一定是要確保客戶收到這份郵件，而不是你發了就結束了。「確認客戶收到並回覆」就是你的工作成果，而大部分人只停留在回覆郵件這件事本身。

在我十年的職場生涯中，見過形形色色的人，但有一種人，往往職場之路不是很舒暢，那就是只為完成任務而不願意為結果負責的人。

二〇一三年，我的工作非常忙，有人統計過，我每天同時處理的事情有六十多件，幾乎除了吃飯睡覺，都在工作。

但年終考核時，我的業績表現非常差。因為統計工作成果的時候，我居然羅列不出多少。每天忙碌的那些事情都是為了完成任務，做出成果的卻很少。

印象很深的就是對團隊的管理，當時我負責整個銷售團隊，我的工作任務裡有開晨會、看統計報表、追蹤員工的客戶拜訪情況、更新銷售話術等，但我忽略了我的工作成果是每月的銷售業績，所以才會沉迷於完成一個又一個的「任務」。

反思後發現，我過於注重做事本身，只為完成任務而忽略了結果，不關注功勞，僅在意苦勞。

說到底，我製造了一個忙碌假象，雖然辛苦但卻碌碌無為。

很多人都有過我這樣的經歷，甚至還會抱怨說：「我已經盡最大的努力了」「我該做的都做了」「我已經按流程做了」。其實，沒有工作成果，你完成再多的任務，意義也不大。

你對工作的看法，決定了你的職場結局

有人說：「一個人的看法，決定了做法，而做法決定了活法。」

這裡的看法，其實就是認知，一個人的認知能力決定了這個人的格局。

你上班是為了完成任務，還是要做出成果，就是由你對工作本身的認知決定的。

你認為工作只是按部就班地完成任務，你的做法就會像那個撞鐘的和尚一樣；你認為工作應該全力以赴拿到最好的成果，你的做法就會像淮陰師範學院的一位宿舍管理阿姨一樣。

淮陰師範學院有一位宿舍管理阿姨叫趙藝，為了吸引更多同學們觀看例行的通知，她堅持把小黑板的通知用段子寫出來，被學生親切地稱為「趙美女」「趙三歲」。

我們都知道，黑板是用來寫一些例行通知的，這個阿姨為什麼要寫段子呢？這本不是她的任務。

原來，是因為平時同學們不愛看「無聊」的通知，她寫一些有趣的段子吸引同學們看黑板，這樣她再寫一些通知，看的人就多了。

阿姨是為了實現其工作成果——「能有更多人看她的黑板通知」，才想出這個辦法。

試想一下，如果她不想為自己的工作成果負責，就會像網友們說的那些宿舍管理人員一樣，

只會催電費，絕不會挖空心思用寫段子的方法，吸引同學們多看黑板上的通知。

認知不同，做法自然不同，就會得到不同的結局。

該如何以工作成果為導向

沒有結果的努力都是無用功，在公司中，只有每個人為自己的成果負責，公司的目標才能實現，越做越好。

那麼，具體怎麼做呢？

一、明確自己要完成的工作成果。

在《原則》這本書中，作者說，一個員工要明確自己的職責，其實就是要明確工作成果。也可以理解為，你要搞清楚來這家公司是做什麼的。

如果不清晰應該承擔的工作成果，要及時和上級確認，如果因為一些形勢變化或者工作變更，而導致自己的工作成果不明確，更需要和上級明確，避免角色錯位。

二、定期檢視自己的工作成果。

努力了不一定就會有成果，所以，你需要定期整理自己的工作成果。這樣才能提前發現問題並做調整，唯有做到落實有時限，全程有檢查，最終才能有成果。

檢視週期因人和職位不同而不同，我負責銷售團隊時，每天都要統計業績。開始負責專案管理後，工作成果的檢視週期就是每週。

總之，便於你及早發現當下的行為是否有利於完成工作成果的方法，都是可以的。

三、要學會順理成章地展示自己的工作成果。

很多人認為邀功是不夠謙虛的表現，以前我也這樣認為。

但職場不是學校，邀功其實是展示自己工作成果的一種方式。

當我們進入一家公司，實際上就是接受了一項公司交給的任務，首先我們應該清楚，不只是完成任務就可以了，而是應該思考如何創造更多的工作成果，繼而得到更多的回報。

我們唯有對自己負百分百的責任，工作才會有好的結果。在職場中很成功的人都有一個共同特點，那就是對自己負責，對工作成果負責。

02

一個人真正的成長是精神的成長

精神層次越低，越喜歡得理不饒人

得理饒人，放對方一條生路，給對方一個台階下，為對方留點面子和立足之地，這樣做還能為自己帶來很多好處。

昨天透過 APP 叫了輛車，從福田口岸去市民中心。

由於中午沒睡午覺，上車後我就睡著了。

迷迷糊糊地被司機很不耐煩的聲音吵醒，告訴我到了。我睜開眼睛一看，根本不是我要去的地方，我就和他解釋，這不是我要去的地方。

他堅持要我下車，因為他是按照我叫車時輸入的目的地導航過來的，按照系統提示，現在已經到了。

那時候外面正下著大雨，我恰好沒有帶傘。我打開窗戶仔細看了一下，初步判斷確實是在市民中心附近，但並沒有到我要去的廣場。和他確認目前他還沒有接到新的訂單後，就和他商量，讓他送我到廣場附近。

「你下車吧，我已經按照你的要求把你送到了。」無論我怎麼請求，他都不願意送我。

其間因為無法停車，他只能很緩慢地往前開，一邊繼續催促我下車。

對於一個出門愛迷路的人來說，想到下雨天被中途丟在路邊，簡直快崩潰了，我不停地和他說：「我開手機導航，你把我送到目的地，APP會計費的。」

「下去吧。」我正準備打開手機導航，他忽然打開車門請我下車，原來他找了個能臨時停車的地方。

萬般無奈，我只能下車，然後眼睜睜地看著他開車揚長而去。

按理說，他這樣做沒錯，我選擇目的地的時候並沒有寫清楚是廣場的哪一個入口，但當外面下著暴雨，我沒有帶傘，他也沒有接到新的訂單的前提下，他繼續將我送到我想要去的地方，有那麼難嗎？

有人說，精神層次越低下的人，心靈邊界越褊狹，越喜歡得理不饒人。

而李強在《成功人際關係》這本書中也說過：「得理不饒人，贏的是道理，輸的是感情。」

每個人的價值觀、生活背景都不同，因此生活中出現分歧在所難免。

有些人喜歡「得理不饒人」，然而雖然表面勝利了，實際上卻輸掉了別人對你的信任和尊重，得不償失。

待人處事固然要「得理」，但絕對不可以「不饒人」。

那些精神層次高的人，都懂得留一點餘地給得罪自己的人，不但不會吃虧，反而還會有意想不到的驚喜和感動。

電視劇《那年花開月正圓》裡面的周瑩，在其不斷逆襲的過程中，收攏人心最常用的方法就是「得理饒人」。

她支持官府籌建機器織布局，將吳家所有的積蓄全投進去了，沒想到卻被阻撓者挑唆的工人們砸了機器，血本無歸，當她又一次重建織布局，卻懇求官府放了那些鬧事的工人們，而且還邀請他們加入機器織布局，並且當眾承諾，不願意加入的，領了銀子就可以回家。

當大家反應過來她說的是真的，紛紛都選擇了加入。

周瑩明明是占了理，而且官府也準備重罰這些人，她卻選擇了原諒他們，算得上是得理饒人。

看似她有些吃虧，放過了「傷害」過自己的人，但其實，她不僅收穫了很多有著豐富工作經驗的織工，還彰顯了自己的寬容，擴大了影響力。

生活中也有很多人像周瑩一樣懂得這個道理，我上班的時候有個主管，就是這樣一種人。

我記得很清楚，當初我們團隊剛轉型做網路軟體銷售，對於一對一直接向客戶銷售，我並不擅長。

有一次，他安排我去追蹤一個客戶，在去之前，他詳細和我交代了客戶的情況，並且提前和客戶打了招呼，但是我到了客戶那裡，由於緊張，還是報錯了商品的價格，讓客戶覺得我太不專業了，最終沒有成交。

本以為他會狠狠地責備我，誰知道他只是問了具體過程，就陪著我一起分析哪裡做得好、哪裡做得不好，讓我很感動。

其實，得理饒人，放對方一條生路，給對方一個台階下，為對方留點面子和立足之地，這樣做還能為自己帶來很多好處。

大多得理不饒人的人，往往都是因為心中有怨氣。一旦自己占理，無論是事大事小，受情緒的影響，很容易激動，有時候發脾氣僅僅是為了洩憤，這原本就是一個人精神層次低的真實表現。

一次在超市，有位阿姨在挑選綠花椰的時候，偷偷拿出了一把小刀，趁身邊的人不注意，就用小刀把綠花椰比較嫩的部分割下來放到購物袋裡，其他部分放回去。

當時我正好也在挑選綠花椰，整個過程看得非常清楚。

當時忽然有個店員衝了過來，是個二十幾歲的年輕人，猛地抓住那位阿姨的手，那把小刀就暴露在所有人的眼前了：「大家都看看，這什麼素質？你把嫩的部分都用小刀切走了，剩下的我們怎麼賣？」

年輕人明顯是故意說得很大聲，超市裡的人都被吸引過來了，那位阿姨滿臉通紅，一下子說不出話來。

我勸說那個年輕人別嚷嚷了，可以把阿姨帶到一邊好好溝通，結果他就是不聽，後來我只能去請來他們的主管，這個事情才算平息了。

後來那位主管和我說，年輕人上個月被客戶投訴的次數很多，上午開例會的時候被點名批評了，心情不好。

那位阿姨的做法肯定是不對的，但也不是傷天害理的事，工作人員提醒一下就可以避免了，硬是被那位得理不饒人的年輕人鬧得讓那位阿姨當眾丟人，而且還直接影響了超市的正常營業。

《傅雷家書》中有這樣一句話：「理直也不要氣壯，得理也要饒人。」

俗話也說「得饒人處且饒人」，其實就是告訴我們，即使有時很占理，也應該不失風度地考慮一下別人的感受，而不是一味地堅持所謂的「原則」。

勇於承認錯誤的人，精神層次都很高

昨天晚上瀏覽「知乎」，被一個網友講述的故事吸引了：

網友叫了份外賣，結果外賣送到的時候，其中一份湯明顯少了一半。送外賣的年輕人二十歲出頭，一見面就連連道歉，還說外賣的錢，他賠給網友。

原本想發火的網友，見外送員態度誠懇，而且褲子破了，想來是路上出了車禍，就順嘴說：「來的路上出車禍了吧？你也不容易，別賠錢了，半份湯也能喝。」

意外的是，這位外送員並沒有「領他的情」，而是抓著後腦勺，有些不好意思地說：「是我不小心撞到了路邊的花壇，所以外賣灑了。」

網友說，這位外送員面對自己的無心之過，自始至終沒有提到一句藉口或原因，一直在道歉，並堅持要賠付。

很多時候，當我們搞砸一件事情，雖然肯承認錯誤，但總會找些原因辯解，說白了，就是缺乏承認錯誤的勇氣，而且隨著年紀越大，閱歷越豐富，也就越難承認自己的錯誤，就像人們越來越不敢道歉。

網路小說《聽見你的聲音》中有這樣一句話：「任何有尊嚴的人都能捍衛自己的信念，但層次更高一點的人，才能毫無保留地立即承認錯誤。」

這裡說的層次，指的是精神層次，和金錢、地位沒有關係，就像那位外送員，雖然是普通的一名工作人員，但很明顯，他的精神層次是很高的。

面對所犯的錯誤，精神層次高的人能勇於承認，精神層次低的人不是找理由解釋，就是不承認錯誤。

在一次專案總結會上，客戶方的副總有一個總結發言，會場的投影布幕非常大，所以簡報投影片上的每個字都看得很清楚，不巧的是，我方總經理的姓名被寫錯了。

或許前排有人竊竊私語被他聽見了，他很認真地校對了一遍，發現真的寫錯了，對方的專案經理立即圓場說，是他準備簡報檔案的時候粗心了。

而據我瞭解，那位專案經理平日裡做事情非常嚴謹，這種低級錯誤是不可能出現的，現場大家都心知肚明，一定是那位副總自己添加內容的時候寫錯了。

本以為那位副總會承認錯誤，誰知道，他很認真地對專案經理說：「你也太粗心了，下次注意點。」那位專案經理當時尷尬的表情，至今我都記憶猶新。

後來私下和他們團隊的人一起聊天，才知道那位副總在公司的人緣很差，下屬犯了錯不承擔也就罷了，經常把自己的錯也推給下屬。

有人說，勇於承認錯誤是一個人成熟的標誌，表現了一個人的謙遜姿態，也有人說，勇於承認錯誤，是一個人優秀的品德。在我看來，勇於承認錯誤，說明一個人的精神層次很高。

那位客戶方的副總，很明顯是相當自私和狹隘的，不願意主動承認錯誤也在情理之中，因為他沒有底氣，也沒有自信和氣量。

「知乎」上有一個話題是：「為什麼成年人不喜歡承認錯誤？」其中有一個觀點，我相當認同。大意是說，成年人不喜歡承認錯誤，主要是因為缺乏勇氣否定自己。

是啊，儘管我們都知道人非聖賢，孰能無過，我們每個人都可能會犯錯誤，但承認錯誤往往就意味著我們承認自己的不足，或者承認自己在某方面做得不好。這點最難突破。

記得在讀《墨菲定律》時，裡面對於承認錯誤是這樣說的：「錯了就是錯了，承認也沒什麼大不了的。只有認識到自己的錯誤，才能看到自己的不足。只有敢於承認錯誤，才能獲得進步。」

細細想來，確實有道理。當知道自己錯了，敢於承認，才會虛心聽取別人的批評和建議，認真反思錯誤的原因，找到癥結所在，努力克服，這樣才能避免在今後的工作和生活中不再犯類似的錯誤，甚至舉一反三，減少更多不必要的錯誤發生。

畢竟和承認錯誤比起來，如何避免錯誤才是我們更應該關注的。

就這個觀點，我覺得馬羅說的也很有道理：「永遠不要因承認錯誤而感到羞恥，因為承認錯誤也可以解釋為你今天更聰敏。」

那位外送員，因為粗心撞在了花壇上，從他承認的那一刻起，他已經擁有了下一次不撞花壇的經驗，自然就比之前更聰敏了。

而那位客戶方的副總，他拒絕承認寫錯了客戶的名字，自以為很聰明，但在旁人看來，卻是最愚蠢的行為。因為他不僅錯失了一次記住客戶名字正確寫法的機會，更重要的是，他在客戶和團隊面前暴露了自己的自私和修養不高。

有人說，精神層次高的人很善良；也有人說，精神層次高的人很樂於助人……在我看來，精神層次高的人，一定會勇於承認錯誤，並且從錯誤中吸取經驗教訓。

你在社交平台留言的方式暴露了你的素養

孤另另說：「一個人的素養是裝不出來的，他往往會在生活裡的各個角落暴露無遺。」事實也是如此。

或許你在大家面前表現得善解人意、體貼入微，看上去非常有素養，但有可能你在社交平台留言這樣細小的行為，會暴露了你的素養低。

小李發了一則社群動態，大意是說，假日出遊，民宿的枕頭品質不好，落枕了。沒多久，有一大堆人按讚。

其中，小偉長長的留言顯得格格不入。出於好奇，我仔細讀了小偉的留言，他居然就如何減輕落枕帶來的疼痛提供了好幾套解決方案，而且，還特別提醒小李如何做才能避免落枕。

現在越來越少的人發社群動態，看社群動態的人也不多了，願意留言的人就更是少之又少。頂多就是針對重要的人發的動態按個讚，就算留言，也很少像小偉這麼認真的。

我特別翻看了一下我和小偉共同朋友的動態貼文，發現一個現象：但凡是有小偉留言的，內容都極為用心，或提供建議，或表示認同，從來不盲從按讚，也不刻意討好。

有朋友假期期間參加了為期三天的培訓課程，是關於領導力的，課程結束，在社群動態發了幾張上課期間的照片，小偉留言說：「覺得你近期的工作狀態越來越好，原來是在默默充電啊！」這則留言相比那些表示羨慕、盲目按讚的，明顯多了一份真誠，至少說明他也認同學習充電這件事情是有助於個人成長的。

其實，現在已經很難從談吐和穿著上看出一個人的素養，因為大家都很擅長將最好的樣子留給外人看，真實的一面反而被隱藏起來了。

在社交平台留言的方式，雖然是一件極細小的事，卻是素養的照妖鏡。從來不在別人的社群動態留言的人，大家頂多會認為他比較忙或比較高冷；一言不合就嗆聲洗版，會暴露一個人的不和善、脾氣暴躁；而公然留言譏諷別人還暗自高興，則是沒有素養的表現。

小然最近就遇到了一個「奇葩」朋友，大半夜發訊息跟我抱怨。

「有個久不聯繫的朋友，居然在我社群動態留言說我炫富。」小然顯然很氣憤。

假期，小然一家去了莫斯科，由於全家人都不是很喜歡這個城市，於是小然發了一則動態，大意是說，這是一個來了一次再也不想來的城市。

朋友都紛紛關心是不是發生了什麼事情？

而那個朋友，居然寫了一段長長的留言，說小然真愛炫富，不就是出個國嗎？還非要說不喜歡那個城市……

「我已經把他封鎖了。」小然說，「發動態是他的自由，選擇看和不看也是我的自由。這樣素養不高的人，我永遠也不會進入他的世界。」

所以，不要小看一個人在社交平台的留言，留言最容易看出一個人的風度和教養來。

素養高的人，往往會用心對待他在社交平台的每一則留言，對方有開心的事情，他定然表示祝賀，對方心情不好，也會好言安慰。

這樣的人，懂得時刻關注身邊人的感受，自然在生活中、在工作上都特別能吃得開。

新近認識的文友依依就是這樣一個人。

前幾天，我讀《躍進》的時候，覺得其中一段話說得很有道理，就順手轉發到了社群動態。

她在下面的留言是：「親愛的，你已經非常棒了，不要給自己壓力。」

坦白說，看見那句留言，我的眼睛濕潤了，雖然我們認識時間不久，但是她卻透過我發的那段文字，讀到了我內心深處的情感。

發那段話的時候，我確實是覺得自己還有很多地方做得不夠好，還不夠努力。

唯有相識不久的她讀懂了。

依依雖然不是對看見的每一則動態都留言，但每一則留言，她都會認真對待。

聽說有一次他們老闆發了一個社群動態，請教孩子久咳不好怎麼辦？同事們的留言全都是表示關心，唯有她，認真收集了好幾個偏方，還透過表姊的介紹，找到了一個有經驗的老中醫，並且將電話號碼也寫在了留言裡。

後來部門經理離職，內部提拔的時候，老闆首先就想到了她。在老闆看來，一個連社交平台的留言都這麼認真對待的人，工作上也一定會更有責任心。

由此可見，在社交平台留言的方式，不僅可以暴露一個人的素養，還有可能成為一個人走向成功的助力。

記得華江熠在《真實的信仰》中說過這樣一段話：「一個人的素養跟內涵往往會在生活中不經意展現，尤其在素未謀面的陌生人面前。」

社交平台就是一個最容易被我們忽略的生活場景，那裡有我們的家人、朋友甚至從未謀面的人，你的一舉一動都會透露出你的素養。

其中，留言的方式最能看出一個人的素質和教養了。

對方明明不開心，你的留言卻是個「笑臉」，這說明你並沒有真心體會別人的感受。

朋友秀出了一張結業證書，你卻留言問是什麼東西，這說明你並沒有真正為朋友的好學上進而感到開心。

你的每一則留言，都在告訴大家，你有沒有素養。

所以，用心對待你在社交平台的每一則留言吧！

堅持了半個世紀五點五十九分起床的人，會不成功嗎？

這幾年很流行早起，我身邊有朋友專門經營早起打卡群組，帶領一群人早起。

幾個月前，我也開始每天五點四十分早起，堅持了一段時間，又耽擱了。

剛開始是把鬧鈴關了繼續睡一下，再到後面，根本就聽不到鬧鈴響了。

所以我就越發佩服能夠持續早起的人，尤其能將早起堅持了半個世紀的李嘉誠。李嘉誠有個著名的時間表，無論前一天多晚睡覺，第二天都會五點五十九分起來。

我看過採訪他的一段影片，他起床後，就會去打高爾夫，這個習慣差不多堅持了半個世紀。不說別的，單是這份毅力和自律，如果你也可以做到，就算無法有李嘉誠那樣的成績，人生一定也差不到哪裡去。

美國國家睡眠基金會發表的一項睡眠調查結果顯示，在工作日的早晨，三十歲至五十歲的人表示自己在五點五十九分起床，而四十六歲至六十四歲的人則在五點五十七分醒來。

「知乎」上有一個「自控力極差的人如何自救？」的提問被十一萬零六十五人所關注，截至我寫這篇文章，一共獲得了六百四十五萬三千一百四十五次的瀏覽量。

我仔細想了想我身邊很優秀的人，都會選擇早起，幾乎很少聽說有愛睡懶覺這個習慣的。我曾問過一個像李嘉誠一樣將早起堅持了半輩子的前輩，為什麼他能這麼堅持？

他說，其實不是他能堅持，而是自制力比較強。

他還舉例子說，一個沒有自制力的人，就會把自我放縱當成是在追求自由，其實那不過是為自己怕吃苦找了一個好聽的藉口。

是啊，誰不願意待在溫暖的被窩裡滑手機，可是一個無法早起的人，又如何能夠掌控自己的人生呢？

網路上有一句話我覺得很有道理：很多時候，拉開人與人之間距離的，不是才華，不是機會，而是自制力。

就說寫作吧，寫作的人都知道一口氣寫完一篇文章是最高效率的。但在寫的時候，還是忍不住滑手機，或者想吃點東西，甚至會忍不住東張西望……

我也不例外，就這篇文章，我是在朋友的咖啡廳寫的，中途我起來喝了兩次水，點了一次小吃，還忍不住跑到戶外透了口氣，整整比原本規劃的時間多用了一個小時。

我這還算好的，自制力更差的人，可能一天都完不成一篇文章。

類似的例子其實在我們每個人身上都會發生：你計劃好了要早起跑步，但是鬧鐘響了就是不想起床；你計劃好了要集中閱讀，還是忍不住滑手機……

不要小瞧看起來很簡單的「自制力」幾個字，做到還真的挺難的，而且它影響的也是我們生活中的各個方面。尤其是在這個充滿誘惑的時代裡，做個自制力強的人，原本就不是一件容易的事。

尼采曾經說過這樣一句話：「自制即控制自我。也就是說，你要抵制盤踞在心中的欲望，不被欲望所左右，成為自己行為的主人。」

人這一輩子，其實屬於我們的東西並不多，欲望太多，只會為你的人生增加負累。

最近一個朋友遇到了一個兩難的選擇，問我怎麼辦。

她們公司在外地新開了一個分公司，準備派她去做分公司的經理，她一方面覺得這是個非常好的機會，一方面又擔心離開家無法陪伴孩子，很難選擇。

我告訴她，有得有失，人不可能什麼好事都占全，不能貪心。

其實這個道理她也懂，只是難免被欲望左右。

後來她選擇了放棄那個機會，因為她認為三歲多的女兒更需要她的陪伴。

這些年我有個發現，就是智慧的人都知道如何控制自己的欲望，能夠在合適的時機選擇放棄，也能夠果斷地選擇自己的人生方向。

到底什麼是自制力呢？

我覺得首先是要知道自己現在最重要的事情是什麼，其次是當遇到一些誘惑的時候，能夠堅守內心，不輕易被人影響。

因為越是缺乏自制力，越是過得不自在。

有個讀者在微信上和我說，自己是一個執行力特別差的人。

他現在在讀大三，已經確定了要考研究所，但是每次到了自習室，有同學喊他打球，他就會忍不住跑出去玩。玩過之後，又很自責，覺得自己浪費了本該用來讀書的時間。

他這其實就是典型的會間歇性忘記當下對自己最重要的事情，當有誘惑來臨，就無法堅守內心了。

某獵頭公司的執行CEO詹姆斯．希特林，曾做過這樣一件事情。

他向二十個他欣賞的企業高階管理者們發了郵件，問他們是如何安排早晨時間的，有十八個人回覆了他，其中起床最晚的人平時在六點鐘起床。

百事可樂董事長兼CEO史蒂夫．雷蒙德每天五點起床，然後在跑步機上跑四英里（約六點四公里），足足跑了幾十年。

他們和李嘉誠一樣，都堅持早起，儘管他們早起後的安排不同，但無一例外都是自制力很強的人。

有人說，一個真正強大的人，並非看他能做什麼，而是看他能掌控什麼。一個能控制住自己的人，才能掌握自己的命運。

而且，一般來說，能力越強層次越高的人，其自制力就越強。

所以，從今天起，做一個有自制力的人吧。對自己狠一點，比如堅持運動，堅持閱讀，堅持寫作，堅持早起，堅持管理好自己，你一定會有一個不一樣的人生。

你身上的每一吋「贅肉」，都是向生活妥協的「證據」

二〇一八年十月份，我正式成立了寫作工作室，結束了單打獨鬥的生活，本來以為會輕鬆點，誰知道越發累了。

每個客戶的稿件都要親自檢查校對，一下子是人物稿，一下子又是網紅產品的文案，當時還要負責評改學員的新媒體文章，整個人忙到沒有白天黑夜。

熬夜、飲食不規律、沒有時間健身……結果可想而知，我之前辛苦健身好不容易瘦下來的身材，又「發福」了。

大概一個月前，老朋友來見我，吐槽我怎麼又胖了，我心裡也挺委屈的，就解釋說，真的沒有時間去運動。

「明明就是你自己向生活妥協了。」她「惡毒」地說，你妥協的證據就是你身上的「贅肉」。

說實話，這句話之前在網路上很流行，我也覺得很有道理，但是這句話被用來說自己，心裡還是非常難受的。

但難受歸難受，理性來說，我知道朋友說的是實話。

因為生計疲於奔命，我下意識地就降低了對自我的要求，身材什麼的，都不重要了，一心只想先做好事情。我選擇了將就和低頭，這本身就是對生活的一種妥協，畢竟生活不只有工作，還要懂得愛自己。保有一個好的身材和健康的身體，就是愛自己最直接的表現，但是我放棄了。

這讓我想起當時另外一個朋友，她在失戀後，長期沉浸於痛苦無法自拔，整天暴飲暴食，原本是模特兒般的身材，就像被吹了氣一樣，變成了一個大胖子。

整個人也因此變得陰鬱，自怨自艾，身邊的朋友都慢慢地遠離了她。

想想自己和她又有什麼區別呢？

意識到這一點，我重新開始注重控制飲食，寫作累了就做平板支撐，盡量每天出門活動一下。當我這樣開始做，體重也隨之開始下降，我的工作非但沒有受到影響，反而效率更高了，客戶也更加滿意。

所以，當你開始面對挑戰而不是妥協，一切才會變得越來越好，身材如此，事業和生活亦如此。

有人說，千萬不要惹那些身材好看的人，說的就是一個能管理好自己身材的人，往往也能將工作和生活處理得很好；一般身材不太好的，往往事業和感情也會經營得一般。

看身邊的成功人士，大部分都是內外兼修，身材管理得非常好。

據相關報導，《財富》五百大公司的CEO中找不到一個體重超標的人。

這些人，不但每天都要處理很多工作上的事情，還要經常出差，能夠管理好身材，完全靠自律。據說那些五百大公司的CEO，不管平時多忙，都會抽出時間來進行體育訓練。

遺憾的是，我們往往只看到那些有錢人的財富和地位，羨慕他們能請得起私人教練，就認為人家身材好是理所當然。

我們忽略了他們是如何在健身房揮汗如雨，又是如何想盡辦法抵禦食物誘惑的。他們那些讓人羨慕的腹肌、人魚線，都是背後付出了努力才得到的。

嚴歌苓是我非常喜歡的一個作家，她曾說：「形象是女人的紀律。」無論寫作多忙，她都會抽出時間鍛鍊身體，堅持游泳和跑步。她在餐廳等朋友時，還不忘趴地上做平板支撐。

五十三歲的郭富城，一直堅持每天跑步半小時，每次到外地，都要住二十四小時開放健身房的飯店。據說要是飯店沒有健身房，他就自備繩子在房間跳繩。

這是何其的自律？

自律背後，就是一個人不向生活妥協的倔強，而生活從來就是你強它就弱，你弱它就強。所以，更是不敢有絲毫懈怠，更容不得我不行。

有些路看起來很近，其實你走下去很遠，缺乏自律是走不到盡頭的。比如保持健美的身材，不要讓贅肉纏身。

而當你管理好身材，你也就管理好了自己的人生。

這幾年還有個詞很流行，就是佛系。有些「胖子」認為自己是佛系的，胖點也沒事。繼而對於是否能夠賺錢也是佛系的，說自己不喜歡物質，不愛錢。

其實說白了，這就是藉口，就是你懶，就是你沒有能力賺錢。

之前在健身房見過一個女孩子，那是真的很胖，她陪閨密來諮詢報名，閨密建議她也一起報名，一起減肥。

「我對身材是佛系的，我覺得挺好的，要減你自己減。」我記得很清楚，她當時喝著可樂，滑著手機，想都沒有想就拒絕了閨密的建議。

後來我健身的時候經常遇到她的閨密，偶爾也能見到她來健身房找閨密，閨密的身材一天比一天好，而她，越來越胖。

再後來就聽說她平時上班時間追劇，被公司辭退。她也懶得投履歷，找了好幾個月工作沒找到，就離開了深圳，回到了老家。

是啊，懶得減肥，懶得好好上班，懶得找工作……把所謂佛系當成自己不想努力無法自律的藉口。自以為能遊戲人生，卻不曾想過，自己被人生玩了。

在你的身邊，是不是也有這樣的人？

他們管不住嘴也邁不開腿，所以身材一塌糊塗，繼而生活也過得一塌糊塗。

當一個人對生活絕望失去鬥志的時候，往往是最容易發胖的。

所以我們看看電影電視劇，一般男女主角受到重大挫折，就會暴飲暴食暴胖，而一旦從痛苦中覺醒，就會勵志減肥，先把身材管理好。

你身上的贅肉，就是偷懶和向生活妥協的證據。

學會這三種思考方式，你會變得越來越值錢

週末碰到了自己創業的朋友牛一，他講了兩位員工的故事，讓我感觸很深。

牛一的公司是做軟體發展的，前段時間拿下了一位大客戶，對方要求技術人員必須到現場支援。

他分別找兩位適合的工程師溝通這件事情，其中一位很積極，表示願意參與。另外一位認為這是公司額外增加給他的任務，表示不給加班費就不願意去。

無奈對方要求立即派人去，他只能答應那個人加班費的要求。結果，兩人到了客戶公司，沒多久客戶就投訴那位要求加班費的員工工作態度不好，消極怠工，要求換人，牛一直接就把他辭退了。而那位積極的員工也被升職為主管，整體負責專案的技術研發。

「那傢伙根本就不認為這對他是個成長的機會。」牛一說。

由此可見，同樣的一件事情，每個人因為看法不同而導致結果不同。這其實就是思考方式不同導致的。

思考方式直接影響一個人對人、事、物的看法和認知，就如同一個「濾鏡」，決定一個人能「看到」什麼，繼而決定了一個人的言行。

優秀的人，都善用這三種思維，讓自己變得越來越值錢。

系統思維

生活中，常常會有人被吐槽「做事缺乏系統性和條理性」，我就是其中一個。後來我才知道，這其實是對一個人行為模式的描述，背後隱藏著一個人的思考方式。一個做事缺乏系統和條理的人，意味著是沒有系統思維的人。

曾經，一個新專案上線，我負責統籌安排，參與的有產品企劃、設計、技術研發人員、專案管理人員，起初我帶領他們各自訂目標，訂執行計畫，看上去每個團隊的目標和計畫都很完美。結果很快就出現了問題，由於大家是各自訂的目標和行動計畫，不同團隊之間彼此的資訊又沒有互通，很快就鬧出了一系列的烏龍。

設計部門派了人員後，產品企劃還沒有出原型圖，導致那位設計師白白等了一個星期，而專案管理人員又將我們的進度計畫同步給了客戶，最後的結果可想而知。

當時我很沮喪，不知道到底哪裡出了問題。

後來，有個在其他公司做高階管理人員的前輩告訴我，我錯就錯在沒有用系統思維去處理事情。

於是，我特地學習了系統思維。原來就是要把對象的互相關聯的各個方面及其結構和功能進行系統認知的一種思考方法。

應用在具體工作中，就是對待任何事情都要立足整體，把著眼點放在全局上，注重整體效益和整體結果。

而我犯的最大錯誤就是把整個專案的統籌安排割裂開了，導致了資源的浪費不說，還耽誤了專案進度。

意識到這點，我立即號召所有人員統一開會，梳理專案節點並制定具體的行動計畫，當我用系統思維重新調整了專案安排之後，各個環節配合更加緊密，最後專案還提前完成了。

有位專家說，真正的高手，都是有系統思維的人，這點我很認同。

朋友小麗就是這樣一個人，她畢業後在一家公司做總經理助理，業餘時間開始學習寫作。由於接觸到形形色色的人，所以她的職場文章寫得非常好，稿費都高過薪水了，後來還做了自媒體，現在被一家大平台挖去做主編了。

我向她取經，她說，她是用系統思維的方式思考的，這讓她面對一件事情時，看得更遠，看得更透。

多元思維

身邊大多數人都只使用學過的一個學科的思維模型來解決問題，也就是試圖用一種方法來解決所有問題，顯然是不可能的。

商學院的同學小劉開了一家印刷廠，因為外貿政策的調整，這幾年業績不斷下降，他開始拓展中國國內業務，招募業務員、做網路宣傳……

然後他發現，自己要懂心理學、管理學才能管理好九〇後的員工；要懂行銷理論，才能做好網路宣傳；就算是外包給專業的公司做，他還要懂得如何和對方商議合約條款，懂得專案管理……

這其實就是查理·芒格提出的「多元思維模型」，要求人們要在頭腦裡形成一種思維模型的多重框架，要知道重要學科的重要理論，處理問題時，要經常全部都用上，而不是只用幾種。

據說，查理·芒格的投資分析工具糅合了許多來自各個傳統學科的分析工具、方法和公式，這些學科包括歷史學、心理學、生理學、數學、工程學、生物學、物理學、化學、統計學、經濟學等。

我們普通人雖然掌握不了這麼多的學科，但遇到問題，從多角度嘗試解決，效果會好很多。心理學說明，對於不符合你思維模型的事情，你將會扭曲現實，直到它符合你的思維模型，或者至少你認為它符合你的模型為止。

這點我非常有感觸。

記得我剛開始學習寫作時，文章發到社群動態，每次都是那麼幾個人按讚。這讓我很鬱悶。當時我還特地寫了一篇文章吐槽，認為這是他們不懂，不識貨。

後來我透過「在行」（中國一款知識技能共享平台APP）約了知識管理專家蕭秋水老師，才明白原來我的文章基本上都是自嗨的，根本沒有提供太多的價值給讀者，大家不願意讀是情理之中的。

然後我又報讀了湯小小老師的新媒體寫作課，我才知道，每個標題、每個段落要融入行銷學、心理學等很多個學科的基本原理，並不像自己原來想的那樣，只要能夠將心情轉化為文字就可以了。

而且，也正是由於我沒有利用多元思維模型思考問題，所以才會將自己的文章閱讀量不高歸於讀者品味不夠。

這樣的例子在生活中不勝枚舉，就像那句我們熟悉的諺語說的一樣，在手裡只有鐵鎚的人看來，每個問題都像是一個釘子。

單點聚焦思維

朋友王軍最近很鬱悶，他說自己堅持看書、進修，工作也很努力，每天都很累很忙，但還是一無所成，賺不到錢。

我詳細瞭解了他正在學的課程後，找到了答案，那就是他太不聚焦了。

他學心智圖、演講、寫作、手繪，工作是在一家小公司做行政，但人事的工作也做，看起來會的挺多，其實哪一個都不專業。

所謂千招會不如一招絕，說的就是一個人要擁有單點聚集的思維。

《定位》這本書中講過，每個公司只有一個關鍵字。

比如騰訊，就是「社交」，奇虎 360 就是「安全」，百度就是「搜尋」，而京東就是「直營電商」。

個人也是一樣的。

你不需要學很多東西，也不需要把各個領域的東西學完，你能把一件事情做到極致就是高手。

前幾天約見了一個朋友，他從二〇一一年就開始經營微信公眾號了，而且在團隊中，他只為漲粉（增加粉絲）負責。

為了漲粉，他設計了一套又一套的玩法，線上線下都有，很多方法在我看來都不可思議，但他依然覺得自己還有很多值得進步的地方。

「我最大的興趣就是研究如何漲粉。」他告訴我，「在團隊中他們都有明確的分工，每個人都有擅長和專業的領域。」或許這也是他們企業營運得很好的一個原因吧。

李小龍說過：不怕會一萬招的對手，就怕一招練一萬次的敵人。

所以，不管你是做什麼的，都需要聚焦，別想著自己什麼都會，什麼都行，可是到頭來什麼都不會，什麼都不行。

因為就算在一公分的地方深挖下去，你就可能超越大部分的人。

真正厲害的人，都是「雌雄同體」

雌雄同體不是指身體，而是指心理，是一個人既有原本性別的特徵，又揉進了另一性別的優點，看待世界，不是站在單一性別立場，而是兼具雙性性格立場。

從小，我們就被教育男孩要有男孩樣，女孩要有女孩樣。在我們懵懂的青春期，娘娘腔和男人婆，總是被周圍人不齒。

人們總是希望男孩成為符合傳統價值觀標準的男人，期待女孩成為符合傳統價值觀標準的女人。

國中時，班上從內陸轉來了一個男孩子，畫畫厲害，唱歌跳舞更是比很多女孩子還要柔美，平日裡的穿衣打扮，也喜歡鮮豔的顏色。

而且他還喜歡和女孩子玩，我就是其中的一位。

很快，他就被周圍的人冠上了「娘娘腔」的綽號，幾乎所有的男生都不和他玩了。

他的成績非常出色，和那些青春期躁動的男生一下課就跑出去看漂亮女生不同的是，他喜歡默默地待在座位上看書。

那個年代，像我這樣出身的孩子，課外書幾乎是沒有的，他就變成了我的「圖書館」。

遺憾的是，老師請他的家長來談了一次話之後，他就轉學了。

我們彼此留了聯絡方式，陸續得知他一個人騎行去了西藏，還獨自去了日本，當年他和我說的那些夢想，都實現了。

他穿著大紅色的登山防風外套比著V字手勢在西藏的那張照片，我看了很久。

的確，事隔多年，他看上去依然有些「娘娘腔」。

且不說衣服風格趨向於女性化，還打了耳洞，單就說他對生活細膩的感悟，以及他感性的性格，常常會讓我誤以為他就是一個女生。

但他這些年用力追求夢想的堅持，對待選擇的決斷力，卻也勝過很多男人。

後來我才知道，形容他這類人有個詞——「雌雄同體」。

遺憾的是，長久以來，人們都更重視性格的一致性，所以男人身上的女性氣質或女人身上的男性氣質都不被認同，甚至他們會被孤立，和人群格格不入。

其實，單純從生理特徵把人簡單地分為男人和女人的思維，是比較低階的認知。高階的認知認為，真正厲害的人，在心理上都是雌雄同體的。

他們一方面具有原本性別的特徵，另一方面，又有另一性別的優點，於是他們看待世界的角度就更加全面系統，不是站在單一性別立場，而是兼具雙性性格立場，自然要比常人看得更遠更深刻一些，人也會變得越來越平和。

著名心理學家榮格，是最早觀察到人類心理是具有雌雄同體現象的。

他認為，在男人偉岸的身軀裡，其實生存著陰柔的女性原型意象，叫作「阿尼瑪」，而在女人嬌柔的靈魂中，同樣也隱藏著剛毅的男性原型意象。叫作「阿尼瑪斯」。

「我們每個人的心靈結構，都被上帝預裝了這樣一套雙系統。」榮格說。

所以那些將雙系統應用得好的人，會更容易獲得異性的青睞，因為他們具備雙性心理，不僅擁有自己性別的優勢，也占有了另一性別的優勢。

在我看來，雌雄同體最典型的代表就是賈寶玉了。

他外表上鬚眉男兒，內心卻比女孩還溫柔多情，動不動就觸景生情，迎風灑淚，比很多女孩還玻璃心。

整天就和姐妹們混在一起，以至於連賈府下人們都在背後說他「一點剛性都沒有」。

這也是我當初看書的感覺，記憶中除了林妹妹，就數他最愛哭了，而且還是默默流淚型。

但就是這樣一個不像男人的男人，迷倒了林妹妹和薛寶釵這兩位紅樓夢裡最優秀的女生。

這讓我想起以前在《讀者》上看到的一句話：「男人吸引女人，往往是陽剛附帶的溫柔和細心，而女人迷倒男人，往往是溫柔之外的獨立和堅強。」

細細想來很有道理，女人固然迷戀男人的雄性特徵，但更渴望被男人細心呵護，而唯有具有女性心理特徵的男人，才更懂得女人的心。

這也是暖男為什麼那麼受歡迎的原因。

傳統文化教育男人要有責任撐起一個家，於是越來越多的男人在家裡真的變成了一座山。

忙碌在廚房裡的女人，也需要男人一句暖心的話，不懂得的男人反而抱怨女人的要求越來越高了；那些懂得女人心的男人，會讓女人更有安全感，自然也更容易擁有幸福的愛情和婚姻。

而擁有男人心理特徵的女人，則更容易理解男人在外打拚的不容易，會在男人做重要決策時貢獻自己的智慧，甚至在遇到困難時，有力量一起承擔。

仔細研究就會發現，這些所謂雌雄同體的人，面對另一半，他們整個人看起來既有原本性別的優勢，又蘊含異性的特質，在人性上會更豐富和完整，也會更懂得另一半，自然也就更容易獲得幸福了。

在古希臘神話裡，人類原本是男女同體的，由於神靈的懲罰才將人類分成了兩性。

於是就思維層面被分為兩種思維：一種是男性思維，另一種是女性思維。

男性理性重結果，女性感性重過程，而無論男人還是女人，在壓力狀態時下意識會採用男性思維方式，而在舒適狀態時採用女性思維方式。

英國詩人柯勒律治曾說：「偉大的腦子是雌雄同體的。」

而中國作家周國平也在《碎句與短章》中寫到，在氣質上，女性偏於柔弱，男性偏於剛強；在智力上，女性偏於感性，男性偏於理性，而許多傑出人物是集兩性的優點於一身的。

所以雌雄同體的人，眼界會更廣，能看到單體看不到的很多面，繼而其格局會更大，成就自然也是異於常人的。

這點我最欣賞的就是莒哈絲了。

在她的作品中，我們既可以感受到其身為女人對女性氣質的特定表達，又會被她在書中展現的傳統意義上男性獨有的主動、大膽、欲望折服。

這和她本人兼具雙性特徵是分不開的。

生活中的莒哈絲是有情人，也是個溫柔、善良、能幹的妻子和母親，對於自己的孩子，莒哈絲柔情似水。而且，她還做得一手好菜，知道在哪裡可以買到巴黎最好的（也是最便宜的）豬尾巴，她會做美妙的熟肉餡點心和越南米飯。

莒哈絲，擁有這些女性特徵的同時，她頭腦中的「男性面向」也從她對政治的熱衷上表現了出來。

她獲得過巴黎大學法學學士和政治學學士學位，「介入」過各種政治運動，是個敏感的狂熱分子，參加過法蘭索瓦．密特朗領導的抵抗運動，還反對過戴高樂政權。

她曾說過，我不知道還有什麼比參與政治或者說按照自己的意願去參與政治更幸福、更令人心醉神迷的事情了。

由此我們可以看出，莒哈絲作為一個作家，正是她兼具男女的特質，才為我們創作了這麼多耐人回味、獨具特色的作品。

莒哈絲如此，已經離開我們的張國榮又何嘗不是如此呢？

他在《霸王別姬》對程蝶衣痴情入骨的演繹已成為傳奇一般的存在，一顰一笑都那麼惹人憐愛，於是就有了「張國榮之後，再無程蝶衣」的說法。想來這絕對不單單是因為戲劇妝容，沒有對女性心理的感同身受，又如何演繹出讓人念念不忘的程蝶衣呢？

想來所有人都不會忘記他一九九七年的那場跨年演唱會，舞台上彰顯中性打扮的形象挑戰了所有人的感官，大量閃亮元素、浴袍、紅色高跟鞋……這種大膽張揚不單單是對扮相，而且是對藝術本身的一種嘗試和超越。

記得他曾說過，最高的藝術境界是雌雄同體的。林夕也說，性別不是個特別值得執著的問題。

正是因為有這些人，不拘泥於傳統的性別，兼具了兩性的心理，才在不同的領域不斷突破和創新，為大眾帶來更愉悅體驗的同時，個人的事業和造詣也不斷達到一個又一個新的高度。

正是因為有這麼多厲害的人為先例，於是網路上有人瘋傳，想要成為厲害的人，就必須要雌雄同體，得擁有另外一個性別的優勢。

但畢竟不是人人都能成為芙烈達．卡蘿，我覺得，想要成為所謂的雌雄同體的人，首先就要把自己的性別優勢發揮到極致，然後再去學習另一個性別的優勢，從而使自己剛柔相濟，雌雄同體。

周國平先生也持同樣的觀點，他說，雌雄同體的前提是保持原本性別的優點，丟掉這個前提，譬如說，直覺遲鈍的女人、邏輯思維混亂的男人，就很難優秀。

回想一下我們身邊那些優秀的男人或者女人，是不是首先他們身為男人或者女人，在原本性別中就很優秀呢？

而那些原本性別都沒有扮演好的人，想要雌雄同體就更不可能了。

之前在「天涯」網站上看過一個故事，是一個男網友寫的。

他大學時談了個女朋友，畢業後兩人留在同一個城市工作。

自稱很懂女人心的他，為了給女友足夠多的安全感，不上班留在家裡照顧女友。每天早起做早餐，中午做好飯送到女友的公司，在女友下班回到家之前準備好晚餐。

結果，女友多次讓他出去工作無果後，選擇了和他分手。

他跑到網路上來吐槽，說自己這也算是雌雄同體了，身為男人，卻能像一個女人一樣關心體貼自己的女友，他有什麼錯？

其實，擁有女性的心理特徵沒有錯，錯就錯在他忘記了自己首先要擁有男人的思維，比如更理性地控制好自己對女友的依賴，至少要有份工作。就好比一個人一定是要把自己的事情先做好，才有多餘的精力去幫助他人。

仔細觀察生活，你會發現那些厲害的人物往往都能男女兩種思維方式切換自如，而不是單純地擁有一種思維。

畢竟很多美好的品質，並非是男人或女人才能獨有的。前提是，要花大量的時間和精力提升自己，在生活的磨練中，擁有另外一套靈魂系統，才能達到雌雄同體。

祝願我們每個人都能像女人一樣愛自己，愛生活，同時又要像男人一樣面對這個世界，堅忍對待生命。

最高級別的安全感是你擁有選擇的權利

擁有選擇的權利才是最高級別的安全感

有一個叫蔡燕航的海歸社會學博士，放棄學術做肥皂的新聞一度很紅。

他從澳洲回國後，放棄了學術研究轉型製作手工皂。他的妻子也辭去投資公司工作和他一起做手工皂。

大部分人都表示不理解，好不容易去海外讀書還是社會學博士，幹嘛要去做手工皂呢？面對質疑，他說放棄學術並不是浪費學歷，他之前的經歷其實都在影響著他，比如他會回到澳洲學習製造手工皂。

他還說：「手工皂雖賺錢不多，但做自己喜歡的事很開心，生活方式不一樣，沒有哪個好哪個壞。」

的確，一個人能做自己喜歡的事當然好，但又有多少人能夠選擇做自己喜歡的事情呢？

據說他其實是身體不好，所以不想做學術。

在生活中，也有很多人會因為一些原因不喜歡自己的工作或者不適合，但都是因為沒有選擇的權利，所以只能堅持。

閨密小麗在一家公司做銷售業務員，為了拿到更多的訂單，總是要不停應酬，少不了喝酒，日子久了，胃有點不太好。

我勸她辭職換一份工作，要不然這樣下去身體就垮了。

她說，辭職了不知道要去做什麼，兩個孩子讀書都要錢，她不敢辭職。

小麗是典型的不具備選擇權利的人，所以她只能被選擇。

這讓我想起了龍應台在《親愛的安德烈》中說過一段關於「選擇」的話，她說：「孩子，我要求你讀書用功，不是因為我要你跟別人比成績，而是，我希望你將來擁有選擇的權利，選擇有意義、有時間的工作，而不是被迫謀生。」

的確，這是一個母親用幾十年的人生經驗為自己的孩子做出的總結，也是值得我們每個人去深思的。

這裡所謂的「讀書用功」，也可以理解成是你每天都要努力，持續學習和成長，總之就是讓自己的能力不斷進步，不至於在面臨選擇時沒有選擇，這才是人生最高級別的安全感。

擁有選擇權可以讓自己有更多的機會

有人說，我不需要更多的選擇機會呀，我現在的工作和生活挺好的。

眼下相信你或許不需要這些機會，但這並不能保證將來你不需要這些機會，而且，就算你真的永遠不需要這些機會，但並不代表你可以不擁有。

所謂的選擇權，是說你可以選擇那樣，也可以選擇不那樣。

胡歌主演的電視劇《獵場》中有個叫作修風的人讓我留下了很深刻的印象。

他是伊人的好朋友，葵黃的老公，出場就是在葡萄莊園裡踩著滑板車，一副與世隔絕的狀態。其實，他是金融圈非常厲害的人物，也是一家公司投資總監適合的人選。

兩家獵頭公司圍繞著挖他，鬧出了很多故事。

他拒絕去挖他的公司上班，理由是喜歡留在自己的葡萄莊園裡，而據其老婆葵黃說，他有更遠大的抱負。

在他的身上，我能很深刻地感受到一個人擁有選擇的權利是一種什麼樣的狀態，就是他會有很多種選擇，所以他才有資格選擇自己隨心的。

遺憾的是，我們大部分人終其一生都無法擁有選擇的選擇，大部分都是被選擇的。

新近認識了一個朋友媛媛，她大學畢業後回到了中國東北老家，在當地的一家企業擔任一般職員。

她所在的部門是比較清閒的，我建議她可以利用空閒時間看看書，或者進修學習一個新的技能，這樣將來也可以多一種選擇。

她認為現在的工作挺好，根本不需要再做選擇。

誰承想，前幾年企業產業升級，部分職位被裁撤，她莫名其妙就失業了。

媛媛以為自己不需要更多的選擇機會，但世事難料，誰能說自己的工作能做一輩子呢？

所以，擁有選擇權，可以讓你有更多的選擇機會，尤其是面對突如其來的意外和挫折。

能力強才能具備選擇的權利

有人說，努力就會有選擇的權利，我覺得這句話不對。努力了可能會擁有選擇的權利，但也可能不會有，而唯有夠優秀，才能具備選擇的權利。

就像上了熱門搜尋排行榜的蔡燕航博士。他讀完了社會學博士，因為一些原因而選擇做手工皂，他是去澳洲特地學習了專業知識的，而不是像很多網友們說的那樣，對著手機裡的攻略做的。

還記得電視劇《戀愛先生》江疏影飾演的羅玥嗎？她留給我最深印象的，就是她在國外丟了工作後選擇了回國。在國外她是做飯店管理的，能力很強，所以她回國後很快就找到適合的工作，並且依然很優秀。

試想一下，如果她對自己的能力沒有信心，她敢毫不猶豫地回國嗎？

擁有選擇的權利，不是說你可以任性地隨時做出選擇

比如不想幹了就離職，或者動不動就辭職回家做自由工作者。

你當下的工作在你心中有意義，你能找到成就感，你的工作是你願意投入時間和精力的，並沒有剝奪你的生活，你就能找到尊嚴，一份讓你有成就感和尊嚴的工作，你會做得很快樂。

那麼，如何才能擁有選擇的權利呢？

我覺得最重要的有兩點：

第一，技能要夠強。

無論你在哪裡從事什麼工作，你的技能都要夠強，這樣不容易被淘汰，而且，就算因為意外你被淘汰了，也不怕找不到新的工作。

第二，多儲備一些技能。

斜槓青年的說法前幾年很流行，我並不認為所有人都應該去做斜槓青年，但多儲備一些技能總是沒有錯的，如今社會發展很快，誰都不知道現在自己做的工作明天還在不在。

其實，安全感這個詞只是一個概念，很難定義。

在我看來，一個人擁有選擇的權利，可以主動做選擇而不是被選擇，可以選擇做眼下這份工作或者這件事情，也可以不做。

你有能力去選擇你喜歡的工作，有足夠的底氣去對抗你不喜歡的一切，可以坦然說不，這才是最高級的安全感。

越自律的人，越容易開外掛

以前的健身教練發訊息告訴我，那個當初和我一起報名來減肥的女孩子又回來了。

我問：「為什麼？」因為之前聽說她不再來運動了。

「她又長胖了。」教練明顯很鬱悶，說女孩發現穿不上去年的裙子了，所以又來運動。

那個女孩和我是同一個教練，她當時除了每天來健身房訓練，回家還要跳一個小時的健美操，所以很快就有了成效。

因為我們都是來減肥的，教練經常拿她的案例激勵我。

「他們內心深處沒有意識到健身的好處，自然很難持久。」教練的這句話，我感同身受。

教練說的持久，其實就是自律的另外一種說法。

越自律，人生越容易變強大。

但我們大多數人依然陷入了「間歇性躊躇滿志，持續性混吃等死」的惡性循環。

就是說我們無法將自律持久，無論我們用多麼厲害的時間管理、精力管理工具來控制生活，

我們依然時刻都想放棄。

根本原因就是你並沒有愛上你正在做的事情，你只是隨波逐流。

就像美國著名的心理治療師史考特·派克在《心靈地圖》中說的那樣：「讓你願意為之自律的事情，必然是至高境界的愛，是自由狀態下的自主選擇，而不是墨守成規，被動而消極地抗拒心靈的呼喚。」

所以，當你開始做一件事情，一定要確保是你感興趣的，要不然你的自律註定了是階段性的自律，而無法持續。

前段時間，小李報名了一個二十一天的讀書訓練營。

於是每天五點起床讀書、在社交平台打卡，還非常認真地做摘抄、寫讀書筆記。我近期讀的好幾本書，都是從他的動態分享中發現的。

近期發現他總是轉發一些不鹹不淡的雞湯文，感慨自己還是太不自律了。我發私訊給他：「你能持續堅持早起讀書，這說明你已經很自律了，別太為難自己。」

原本想要好心勸他成長的路上不要太著急，結果讓我大跌眼鏡的是，他告訴我，早就不堅持了，營隊結束後，起初還挺有動力的，後來就覺得每天讀書也沒見自己有什麼長進，又很枯燥，乾脆放棄了。

又和他聊了一下，我才意識到，他參加那個訓練營，也只是看身邊有人參加，湊個熱鬧而已，並沒有意識到讀書對自己有什麼好處。

這幾天看他的社群動態，發現他又參加了一個時間管理的課程，我默默地把他的社群動態取消追蹤了。

想來他會在很長的一段時間裡，就這麼間歇性自律，而終究很難持續下去，因為唯有做自己喜歡的、擅長的事情，才不會人云亦云、心浮氣躁，才能實現自律。

以我寫作為例，寫作群組裡的朋友們經常都說我精力旺盛，因為剛開始寫作的時候，我不但要上班，回家後要陪女兒，還要健身，但無論多麼忙，我都堅持每天寫一點點。

而且，哪怕被退稿無數次，哪怕沒有多少人能讀到，每次一坐在電腦前，我都會充滿了力量。因為我是真心喜歡將自己內心的感受變成一個又一個文字，寫作這件事情讓我渾身每個細胞都很愉悅。

雖然目前寫作並沒有讓我的人生變強大，但我相信這種發自內心的熱愛會讓我持續地自律下去，就算永遠都維持這樣，這個過程本身也是一種變強大。

「知乎」上有個話題：「高度自律是一種什麼樣的體驗？」

我是出於好奇點進去看的。

按讚數最高的答案出自一名叫作「逝水」的網友。

他說自律有兩種：第一種是為了盡可能地產出更多，因而多做事情的自律；第二種是為了產出真正有價值的內容，為了使自己的生活更富有成果，而對自己欲望的管理。

因為一個人想要管理好自己的欲望，就必須要在認真思考的基礎上，主動放棄過分的、不切實際的、不合理的各種欲望，尋找到那些自己喜歡並且願意持續為之努力的事情。

自律，其實也是一種自我完善的過程，其中必然經歷放棄的痛苦，其劇烈的程度，甚至如同面對死亡。

以健身為例，尤其是以減肥為目的的健身，大量的體能訓練經常會讓我們全身虛脫，試想一下，你將一個深蹲機械化地重複三十次，每次訓練都要做四組，內心想要放棄的想法幾乎每秒鐘都會出現一次。

所以，要做到徹底自律真的很難，所以我們需要及時進行休息，進行恢復和調整。

名人的故事就不勝枚舉了，現實中那些看起來非常自律的人，也是這樣做的。

時間管理做得非常好的 Angie 就曾在公眾場合說過，她每週會允許自己睡個懶覺，偷個懶，其實也是這個道理。

亞里斯多德在《尼各馬可倫理學》中也說過，過度和不及都是不道德的行為，真正有德行的人，會保持一種適度的中間狀態。

人的貪念到底有多可怕

貪欲是個無底洞

有這樣一則新聞：七十二歲老太太向近萬人非法募集人民幣五億一千四百萬元，僅返還人民幣九百七十餘萬元。

這個老太太叫作姚蓉，大學畢業，中國山東省泰安市人，是西安金融財貿專修學院院長、陝西彙衡創業投資有限公司法定代表人。

二〇〇八年八月至二〇一六年九月，以其為首的團隊，藉西安物業管理專修學院集資建校名義，非法募集資金人民幣五億一千四百萬元，被害群眾達八千八百零九名。

而其募集資金的方法也非常簡單，就是高額利息，根據相關報導，最高的時候融資的利息達到了四〇%，也就是說，人民幣一元的資金會有人民幣四千元的利息。

這麼高的利息，只要稍微動動腦，都不至於成為被騙的那個人。

有網友就說了：「為什麼這種騙術可以屢屢得手呢？銀行理財的收益都很少超過五%的。」

的確，往往這種事件出來，大家都會覺得騙子的伎倆其實並不高明。

那麼，為什麼總是有那麼多人上當呢？

說白了，就是人的貪念在作祟，想要得到更多的回報，往往卻是貪小便宜吃大虧。那些被騙的人，明明知道四〇%的投資收益不正常，還是期待著天上掉餡餅，最終失去的更多。所以，也有網友說，一點都不同情這些被騙的人，貪高利息，融資失敗了當然得跟著賠。

中國作家小野在《生活越簡單，心靈越自由》中就提到：「不要被欲望和貪念所束縛，那是生命的無底洞。」

古今中外，有多少人死在貪念手裡：總對自己所擁有的不滿，還想要更多更好的，如此就進了貪念的網羅。

貪念過重，就會有無盡的煩惱

作家李碧華曾經說過這樣一段話：「最近一段時間，非常不開心。是頹廢？傷感？其實都不是，而是——貪念，人有了貪念，就會有欲望，有了欲望，結果是自尋煩惱，自食其果。」

的確也是這樣，生活中一個人之所以會痛苦，是因為想要的太多，貪念過多。

閨密粒粒最近就很煩惱，因為她想換一個四房的房子。

其實，現在她們居住在深圳福田區的市中心，房子是三房的，老人孩子都有獨立的房間，社區地理位置也很好，但她就是想要一個書房，就催著老公換四房的房子。

她老公我們都認識，廣東人，做外貿生意的，前幾年是賺到了錢，這兩年生意不景氣，他就勸閨密說，等過幾年生意好了，再考慮換。

但粒粒堅決要換，而且每天都去看房，回家就問老公頭期款準備得怎麼樣了？搞得她老公現在下班都不想回家了。

「我想要個自己的書房有錯嗎？」無論我如何勸她，她都堅持自己的想法。

的確，粒粒想要一個書房沒有錯，可人活在這個世上，不是事事都能如意，想要什麼都有什麼的日子，那是天上的神仙過的，我們都是凡人，都有著無法解決的煩惱。

可惜，被貪戀繞暈了頭的粒粒，就鑽了這個牛角尖，不但讓老公有壓力，她自己也很痛苦，據說最近都快得憂鬱症了。

其實，在生活中，我們每個人應該懂得享受可以享受到的，就好比粒粒，現在她擁有的三房是多少人渴望擁有的，但她的貪念卻讓她一心只想擁有當下沒有的。

現在我還挺擔心粒粒的心理健康和她的婚姻的。

貪念過重，就好比一個人拎個小包能走得動，如果硬要背上五十公斤重的東西，就根本沒辦法走路了。

被約束的貪念是成長的動力

當然了，貪念就真的這麼一無是處嗎？

顯然不是的。

這是一個人人都有著貪念的時代，我也有貪，為了滿足我的那些貪戀，我會更加努力拚搏。

我記得逍遙生在《夢幻西遊4》（中國一款網路遊戲）中說過這樣一段話：「每個人的心中都有欲望和貪念，但也有情義禮信，無論什麼，只要不過分地去執迷和追求，就不會喪失自我。如果能約束自己的欲望和貪念，那它反而會成為一種動力。」

也就說，貪念能夠被約束得好，其實是可以成為自己不斷成長的動力的。

關於這點，我朋友笑笑就很有感觸。

她是一個很貪心的人，進入公司後，不但銷售業績做得好，職位也上升得很快。

「我就是既想要名又想要利。」她從不掩飾自己的貪念，利用各種機會告訴老闆，她想要升職，想要加入公司的管理團隊。

為此，她自費報名進修各種管理課程，而且還定期向同事們分享自己學習到的內容。

久而久之，她出色的管理能力就在同事中突顯出來，加之她的銷售業績一直做得很好，現在已經是公司銷售部門的總經理了。

有人說，人的貪念就像小魔鬼，時不時就會跑出來。

的確是這樣的，心中的貪念時時處處都挑戰著我們，但只要能把這種貪念約束好，反而就會成為督促我們不斷提升的強大動力。

成長路上，僥倖心理要不得

我是在新疆學的駕照，還記得在參加筆試時，同個駕駛學校一共有六個人乘坐同一輛車去考試。

趕去考場的路上，大家都在隨意地聊天，除了小李，她一直在低頭做練習題，緊鎖著眉頭，表情很緊張。而小王則一副志在必得的表情，一路都在看電視劇。

我們六個人同時進考場，我花了三十多分鐘，分數是九十五分，內心竊喜。走出考場一問，小王不到二十分鐘就考完了，分數是九十九分。

小李是我們六個人中最後一個出考場的，她考了兩次，駕照考試的筆試每個人是有兩次考試機會的，九十分及格，小李第二次也只考了八十九分，差一分才能及格。

大家都紛紛安慰小李，但她明顯很沮喪，說：「我是臨考試前一天，才臨時抱佛腳做了幾遍練習題，明知道自己準備不充分，還是懷著僥倖的心理，一直祈禱著出的題目剛好都是自己會做的。」

小王是我們所有人裡面分數最高做題最快的，她一直後悔沒有再考一次得個一百分。我就開玩笑說：「看來你在這方面很有天賦啊，我用了近一個星期備考才考了這個分數。」

小王看了我一眼說：「我提前半個月就開始做題了，而且臨考這幾天，每天都做很多遍測試題，基本上都是一百分，最近走路都在看各種路標。」

原來，小王比我們任何一個人都努力，而小李很明顯就是準備不充分，想要僥倖通過考試，結果是不及格。

在我們成長的道路上，很多人都會存在僥倖心理。心存僥倖心理往往更容易事與願違。《六度人脈》作者李維文曾經說過：「每個人的命運都緊緊地握在自己的手中，總有一天，你的努力一定會換來相應的回報。但如果你始終抱著僥倖的心理，一味地縱容自己，並試圖少做一些努力，那麼你得到的回報就會相應地少一分、十分乃至一百分。」

所以，成長路上，僥倖心理要不得。

其實，大部分人都會心存僥倖，我的第一次英語檢定考試就是因為我心存僥幸，沒有通過。後來又多花費時間和力氣重新考了一次。

我的英語基礎還不錯，報名後自己也打算很認真地備考。只是因為身邊幾個同學都說有辦法能買到答案，自己背單字做題多累啊，當時僥倖心理作祟，鬼使神差地居然就隨他們一起了。

結果可想而知，考場裡沒有任何信號，最後自己隨便填了答案就交卷了。

這是一次印象特別深刻的經歷，時刻提醒我，不可以存僥倖心理。這一次駕照考試準備，我很認真地對待每一道題目，任何一個知識重點都不敢遺漏。當我走向考場的時候，很清楚自己一定可以通過考試。

有人說，僥倖心理是一種自欺欺人，甚至當僥倖心理成了一種習慣時，我們的大腦就會把它合理正常化。

堅持寫原創文章的人，都有一個共同的煩惱，就是文章容易被抄襲，儘管各大平台都陸續推出各種機制和功能保護原創，但還是有人鋌而走險繼續抄襲。

參加的一些寫作交流群組裡，幾乎每天都有人抱怨文章被抄襲了，當原創作者找到抄襲的人，對方頂多表示抱歉然後刪除文章。對這種現象我們也討論過，大家一致認為是因為抄襲文章成本低，而且抄襲也有可能不被發現，很多人都是懷著僥倖心理，想著能抄就抄，也許就是不會被發現呢！

確實，你抄襲了別人的文章，或許永遠不會被發現，但是一旦被發現，你可能會被整個行業封殺。

之前有位老師的原創文章被一個微信公眾號抄襲，很多網路知名人士都幫忙轉發討伐，最終抄襲者只能道歉並且刪除文章，想來以後很難再有人願意和這個抄襲者合作。

心理學研究顯示，僥倖心理是人的本能意識，這種心理反應在人們的各種思維活動中，通常情況下，僥倖心理只是一種潛意識，不足以支配人的行為活動，但是當一個人自制能力不強，這種潛意識得到孕育膨脹以後，就會引發衝動。

人就是這樣，明明知道結果，還是會有僥倖心理，認為未來會往自己希望的方向發展。雖然目前心理學界對這種僥倖心理的改變確實沒有什麼好方法，但也不是說僥倖心理就永遠無法戒除。

就像我，在為成長努力的過程中，不再存有僥倖心理，是因我之前有過心存僥倖心理而事與願違的經歷，並且深深地記在了大腦中。

唯有人們認知到這個心理的危害和可怕，做任何事情之前都想一想，需要付出努力才能做好的事就不要抱著「試一試，萬一中了呢？」的僥倖心態。

在「知乎」上關於避免僥倖心理的討論中，有個網友說，在成長過程中，懷著僥倖心理想要投機取巧的人，心理很容易受到譴責，就算僥倖如願，也總覺得做了壞事，浪費時間和力氣，還影響心情，是很不划算的。

中國回族女作家霍達的《穆斯林的葬禮》中有這樣一句話：「在那莊嚴的時刻每個人都是平等的、坦誠的，在命運的抉擇面前，任何偽裝、虛飾和自欺欺人的僥倖心理都變得毫無意義，唯一可以使自己鎮定的是真才實學。」

那些愛表現的人後來都怎麼樣了

著名演員劉燁參加了第四期的《朗讀者》，在和主持人董卿聊天的過程中，他提到的霍建起導演是如何發現他的這個故事，吸引了我。

大家都知道，劉燁拍的第一部電影是《那人那山那狗》，這部作品開啟了他的演藝生涯，也是影響他一生的作品。

當年，霍建起導演去中央戲劇學院挑選演員，當時劉燁正在和同學打籃球。

劉燁一看來人穿著的衣服，猜測就是挑選演員的，所以，他在打球的時候就刻意表現自己，做了一些平時不太表現的、特別帥的動作，比如空中轉體，投籃的時候弄一下頭髮。

「然後霍導就被我的魅力吸引了。」劉燁笑著說。

當然，相信吸引霍建起導演的不單單是劉燁當時投籃的表現，不可否認的是，正是他的主動表現，為他贏得了一個機會。

這讓我聯想起自己在職場上的一些經歷，身邊那些發展比較好的人，大多都很喜歡表現，甚至愛出風頭。

朋友公司最近新招募了二十個銷售經理，負責公司新產品的銷售。

從新員工培訓開始，有個叫小五的員工就特別愛表現，自我介紹的時候第一個站上去，當主管問誰願意做小組長，他毫不猶豫就舉手報名了。

當時就有其他同事私下嘀咕他太愛出風頭了，甚至還有人孤立他。

但當他們集中一個月的培訓結束後，小五就被公司提拔為主管，負責管理其中十名銷售經理。

朋友說，一個月內，由於小五特別愛表現，所以他無形之中就展現了自己的管理能力、組織能力，也能看出是一個非常積極向上的人，完全符合公司對於團隊主管的要求。

試想一下，如果小五也像其他人一樣不愛表現，那麼，朋友又怎麼能發現他身上的優點呢？升職的機會自然也是不會落到他身上的。

在以往的認知裡，我們都會有些看不上那種愛表現的人，其實，不愛表現的人才容易被人看不上。

從心理學來講，每個人與生俱來都是有表現欲的，因為每個人都希望被別人認可和肯定，而不愛表現其實是一種不好的心理，背後隱藏著一個人對自己的不自信。

朋友笑笑就是這樣一個人。

她在一家公司做行政經理，本人能歌善舞，非常有才華，但是每年的年會，她從來不登台表演節目。

「我不愛表現，讓其他同事上吧。」每次我鼓勵她報名節目時，她都以自己不愛表現為由拒絕。

這還不算什麼，在平時的工作中，她統統不愛表現。

就說有次公司讓行政部安排一次優秀員工的海外旅遊，笑笑接到任務後，帶領團隊沒日沒夜地加班做專案，當案子定稿後，需要向公司主管匯報，她就把機會讓給團隊中的一個新人了。結果主管對專案很滿意，對於匯報專案的那個新人更是滿意，就指明那個新人負責那次活動了。

而且，從此以後，行政部類似的工作，理所當然都歸那個同事負責，她反而被邊緣化了。

的確，笑笑是很有能力的，但是長期不愛表現讓我很不理解。

一次和一個學心理學的朋友聊天，她說，類似笑笑這種情況，大部分人內心都是沒自信的，有些自卑，不認可自己所以才不敢表現。

我向笑笑求證，她承認了，說由於小時候，父母總是批評她，認為她哪裡都不好，時間長了，她也開始否認自己。

雖然我們都認為她唱歌好，但是她覺得自己的聲音有些粗獷，像男生，她甚至覺得自己的舞蹈動作不夠優美……

正是因為她的沒自信，導致她到了工作上，根本不敢表現，她害怕自己做得不好被同事嘲笑，還用自己不愛表現來麻痹自己。

當我們一再明確地告訴她，她很優秀，唱歌跳舞都是很棒的，她慢慢才開始找回一點自信，開始嘗試著表現自己。

人天然都是有表現欲望的，一般來說，不愛表現的人，需要勇氣去改變自己。

當然了，愛表現不等於愛炫耀。

有一些人，稍微做出點成績就到處宣揚，唯恐別人不知道，這是屬於炫耀而不是表現。喜歡炫耀的人，其實是透過這種方式來尋求自己的身分和作用被認可，在心理學上被稱為缺乏安全感型人群。

而他們所炫耀的東西，也可能恰恰是因為自己不常有，所以一旦擁有，內心就會有一種想被全世界都看到的衝動。

小美的愛炫耀在朋友圈是出了名的，就連老闆帶她參加一個客戶的宴會，她都要發社群動態秀一下，而且還要刻意提醒公司裡面的人看。

有次她代表公司去參加拉菲的選品會，從進入會場開始，幾乎是在社群動態直播，言語之間幾乎全部是炫耀。

據說很多同事都取消追蹤她的社群動態了，因為她炫耀的那些，別人根本不感興趣。

其實，適當地表現自己可以讓自己獲得更多的機會，但一味地炫耀可能就會適得其反了，不但不會為自己引來機會，還可能遭遇到同事的排擠，錯失更多的機會。

小美就是在部門主管的競爭中失敗了，因為部門的人，沒有一個人投票給她，大家都擔心，她當了主管，會不會更愛炫耀了？

所以，適當表現可以，但千萬不要陷入炫耀的極端。

當年看《三國演義》，就特別羨慕諸葛亮被劉備三顧茅廬。

而今細想起來，其實是因為諸葛亮本身就極具才華名聲在外，才能吸引劉備。

想想今天正在打拚的你我，即使沒有諸葛亮的才華，想要在前進的路上獲得青睞，也要努力將自己的優點和才能展現出來，才能獲得更多的發展機會和更大的發展空間。

畢竟現在強者很多，能被發現的人才並不多，你不抓住機會表現，那發展機會基本上就不會落到你的頭上了。

那麼，具體要如何表現呢？

第一，多發表自己的看法。

我留意到，很多人不願意發表自己的看法，尤其是在一些公共場合，大多都是害怕說得不好或者不對。

其實，想法不在好壞，而是你敢於發表想法，讓大家看到你是在思考，並且善於學習。

所以就算你的想法不太好，至少也能提高你的曝光率，混個臉熟，讓人記住你，機會也會多很多。

第二，記住重要關係的人名並且主動打招呼。

有些人，對一些需要打交道的人，連名字都叫不出來，這其實是不利於表現自己的。

記住別人的名字，尤其是重要人物的名字，任何時候遇上都主動打招呼，該叫職位叫職位，該叫姐、哥就叫，會讓別人認為你很在乎他們，無形之中你也是表現了自己的教養。

第三，多幫助別人。

生活中，難免會有人遇上需要幫忙的事，如果對方向你張了口，恰好又是你力所能及的，一定要幫忙。

因為這其實是表現你願意付出的心態，被幫助的人一定會記在心上。

而且你對別人的好，別人也會記著的。

其實，人生每一次與他人的互動，對我們都是機會。勇敢地表現自己吧，力爭每一次給予對方超出預期的體驗，你才會更加容易脫穎而出。

發現自己有不會做的事，也是一件很開心的事

蕭秋水老師是我非常尊敬的一位老師，所以，我會定期追蹤她的社群動態，閱讀她的網路文章。

前兩天留意到她發了一則社群動態，說她最近在寫書的同時研究咖啡，具體包括咖啡器皿、各種工具、咖啡豆等，而且還在同時看三本書，在建立咖啡知識結構。

她說，咖啡是一個浩大的世界，這種美值得為之沉迷。

自從兩年前我知道了蕭秋水老師，我就看著她不斷地進入新的領域。她說要學習攝影，然後我就在她的書裡看見了她拍的照片；她要學習發抖音，然後我就看見她抖音的內容越來越好玩。

在她的個人平台裡，她每天分享的內容，我都會有一種感受，那就是，發現自己有不會做的事情，她是欣喜的，而且總是能很快就鑽研透。

這種力量也感染了我，雖然沒有太多的交流，但是每次遇到困難，我就會想到她，所以也就開心地去尋找解決辦法了。

身邊一些優秀的人，其實做事都是這樣的風格，遇到問題，第一個反應都是去尋找解決方案。

朋友嚕啦啦和我是老鄉，她也是「一耕一鋤」的創始人，我們因為一個文案合作而結緣，繼

而有機會和她私下有了更多的接觸。

她對團隊中的人說最多的一句話的就是，你去想辦法，而她自己也是身先士卒。

有一次，微信公眾號推文臨推送前，因為我的失誤，導致無法正常推送，當時大家都有些慌亂了，不知道該怎麼辦？臨時修改文章中的問題也來不及了。

正當大家七嘴八舌討論該怎麼辦時，嚕啦啦已經將做好的海報直接發到工作群組裡了。

大家驚訝她是什麼時候做出來了？她說，邊和你們聊邊做的。

當時我就被她解決問題的能力給征服了，也是這次的經歷，讓我們意識到，以後萬一再遇到這種情況，還可以有這樣的預備方案。

遇到不會做的事情，立刻就去想辦法解決，就是智慧。凡是有智慧的人遇到問題，第一時間是思考怎麼解決，而不是站在那裡埋怨。

其實，當你遇到了困難，換種心態，不抱怨而是去解決問題，這可能就是為你打開一個新世界大門的機會。

所以，遇到不會做的事，也是一件很開心的事情。

我在網路上看見過這樣一句話：「凡是喜歡埋怨生活的人都是傻子；凡是遇到問題，馬上想辦法解決的都是高手。」

的確，高手與普通人的區別是，高手遇到問題，馬上解決；普通人遇到問題，馬上埋怨。一個行動一個抱怨，直接導致命運有天壤之別……

遺憾的是，很多人都會在遇到自己不會做或者不擅長做的事情時，替自己找退路。

我的學員，早上發了個文章主題讓我看看，我一看就是沒有經過思考的，於是就直接傳語音訊息過去和她說了問題。

誰知道，我還沒有來得及教她方法呢，她倒好，立刻和我說：「老師我是不是不適合寫？」

當下我就火了，直接說：「你覺得不適合寫，那就不寫。」

不過還是耐心地教了她方法。

語音訊息結束後，她發訊息跟我說，以前的自己，的確總是停留在一旦發現是自己不會做的，就立刻想退路的人。現在她明白，其實是思考方式不對，遇到不會的，應該想著如何學會而不是退縮。

其實，她是個非常聰明的女孩，也很有悟性，文字很有靈性，可能就是思考方式限制了她的發展和進步。

這也是我最近感觸很深的一個觀點，當你面對一件事情，你怎麼看就會怎麼做，結果其實就已經註定了。

當你遇到了一個自己不會做的事情，如果你像蕭秋水老師一樣，不斷探索，你就會掌握一個新的技能，而如果你因為害怕學不會或者做不好而不去做，你就永遠是不會的那個人。

其實，我也不是一開始就知道這個道理的。

剛進入職場沒有多久，就開始參與專案，有時候需要自己製作PPT，但是我不會做，而且我覺得做PPT需要耐心、細心和技巧，我這個粗心的人一定是學不會的，所以也拒絕學習。

每次需要做PPT的時候，我就厚著臉皮去找同事幫忙，時間久了，也沒有人願意幫我，那時候也沒有助理什麼的，老闆就要求我自己做。

無奈之下，我下定決心要掌握這個技能，於是，花了一整天的時間，做了一個十幾頁的PPT，我記得很清楚，在修改完最後一個地方，整個胳膊都不能動了，我整整在辦公室弄了十幾個小時。

當我發給老闆，老闆說，內容不錯，就是顏值差了點。

當時雖然有些沮喪，但忽然就不害怕做PPT這件事情了。

而這個技能，也在後面幾年的工作中越訓練越嫻熟，現在自己去一些社群裡分享，做的PPT也能拿出手了。

這件事情給我的體驗就是，不要輕易給自己設限，不會就去學，就去做，或許你會發現，一切並沒有你想像中的那麼難。

秋水老師說，不斷探索向新的世界，是美好的體驗。所以，當你發現自己有不會做的事情，你應該感覺到開心，因為你可能會發現一個全新的世界。

03

一味追求情商，是因為沒有智商

當規則被蔑視，等待我們的將是什麼

中午帶女兒出去吃飯，路過一個十字路口，剛好是紅燈，我們就在斑馬線等待。忽然從我們側面衝出來一個騎單車的年輕人，我還沒有反應過來，他就加速衝過去了，不巧的是，剛好有一輛車開了過來。

我聽到一聲尖叫，就見年輕人被撞得飛了起來。

人們很快就圍了上去，有人報警，有人幫忙，我怕嚇著女兒，就趕緊帶她離開了。

這樣的案例，幾乎每天都在上演。

據相關單位統計，中國每年死於車禍的人數超過十萬，而這一切的根源，都是因為人們漠視交通規則引起的。

在景區刻字、公共區域亂扔垃圾、隨意插隊、野生動物園隨意下車、酒駕撞人，這一類規則意識缺失的新聞比比皆是。

有的已經造成了嚴重的後果，讓人痛心不已，依然有人心存僥倖，還在不斷被重複，但是遲早會受到規則的懲罰。

這些人之所以有這樣的行為，都是因為蔑視規則。

恐怖片《隱形人》海報上一句話讓我記憶很深刻：「當一切的規範和禁忌都不存在的時候，你離邪惡有多遠？」

心理學裡也有一個說法，就是不建立規則，就等於暴力。

這真的不是什麼危言聳聽。

規則在很多人的眼裡，是冷冰冰、硬邦邦、毫無人情的。但如果懂得遵守它，它就是我們最堅實的盔甲和最溫暖的外衣。

換句話說，就是要學會守規則，才能最大程度保護自己的安全。

之前有個新聞，在國外某海灘，明令禁止游泳，可是卻有遊客不顧勸阻執意下海，最終溺亡。這個禁止游泳的規則，其實就是對我們的一種保護。

朋友賀燕是我在社群裡認識的，最初我們的交集是她找我寫一篇文章，後來大家很聊得來，就成了朋友。

她是一個持續創業者，最近她和好幾個朋友一起創辦了一家咖啡廳。

大家都知道，現在合夥做生意風險還挺大的，尤其是合夥人之間，半路分道揚鑣的大有人在。但是賀燕總是能把這種關係處理得很好。

我問她祕訣，她說，就是開始之前把規則訂好，所有人都必須遵守規則，沒有例外。

而對於那些不願意遵守規則的人，她也會毫不猶豫地淘汰。

職場上不遵守規則雖然不至於讓你丟失性命，但是也會影響整個團隊的戰鬥力，相反的，你遵守了基本的規則，你也會得到更多。

像賀燕，由於她秉持著這樣一個原則，所以她就得到了一群願意追隨她的人，大家共同經營一份事業。

對規則保持一份敬畏之心，遵守規則，是對自己和自己經營的事業最好的保護。

網路上有這樣一句話我很認同：「當規矩被遵守的時候，壞人能變成好人；規矩被踐踏的時候，好人也能變成壞人。」

一九七四年，義大利行為藝術家瑪莉娜·阿布拉莫維奇曾做過一項試驗，她想瞭解人們在絕對自由狀態下的行為，也就是沒有任何規則限制，人們會怎麼做？

試驗開始前，她簽署了法律協定，承諾在試驗的六小時之內，不管發生任何事情，人們不用承擔責任。

瑪莉娜將自己頭部以下的身體麻醉，觀眾可以做任何想做的事情，不會受到她的任何抵抗。

瑪莉娜旁邊桌子上，擺放著七十二種不同的道具：化妝品、蜂蜜、安眠藥、槌子、鞭子、槍、子彈等。

試驗開始後，人們由最先的試探，到開始在她臉上作畫，強吻她，用刀子割開她的衣服，用帶刺的玫瑰刺她的肚子，用刀子在她的身上劃來劃去，玩弄她的隱私部位。

而圍觀的人，沒有任何人覺得不妥，他們露出無所謂的笑。

直到最後，當有一個人將槍上膛，並對準她時，才被眾人阻攔。

而瑪莉娜的身體已經千瘡百孔。

事後，她悲傷地說：「我從這場表演中學到的是，如果你把決定權交給觀眾，他們可能會殺了你。」

可見，沒有規則約束，人們會做出什麼樣過分的行為。

有人曾說：「世界上的一切都必須遵照一定的規矩和秩序。」

身為一個人，我們存活於這個世上，有道德和行業規範，企業有企業的規章制度，國家有國家的法律，大自然也會有食物鏈法則。

任何一個不遵守規則的人，最終都會受到懲戒。

所以，當你蔑視規則，等待你的將是不可預估的後果。

線上發個紅包就能看出你人品好了？呸！

每到年底，打開社交平台，滿眼都是這一類的文章：「紅包見人品」「紅包見情商」「搶紅包看人品」「你發的紅包裡藏著你的修養」……

基本意思都一樣，都是說發紅包的人情商都是很高的，而且人品也好，那些只搶不發的，人品簡直不要太差……

搞得我每次不小心點到了微信群組裡的紅包，就會好擔心被認為是情商低或者人品不好。後來我乾脆不搶微信群組裡的紅包了，再有人發紅包給我，我也都是仔細看清楚才收。

本來，有人願意在微信群組裡發紅包、有人願意搶，這是你情我願挺開心的事，卻因為和情商、修養、人品這樣的事情扯在了一起，忽然就變了味。

身邊好幾個朋友都有我這樣的感覺。

朋友軍哥這幾天就在好幾個群組被 tag，說他「人品差」，這讓他很鬱悶。

因為各種原因，軍哥加入了很多微信群組。

有些微信群組，定期就會下起「紅包雨」。

偶爾休息的時候看看微信，碰到有人發紅包，就順手搶一個，然後默默地閃人。

當然他比較在意的群組，也會主動發紅包。

可他沒想到，搶紅包這事替自己帶來了一個人品差的「惡名」。

朋友阿媛也很糟心，在一些自媒體的作者群組裡，她總能搶到幾個紅包。但她屬於只搶但從來不發的那類人。因為她沒有自己的微信公眾號，也從來不往群組裡丟文章連結，所以她認為沒有發的必要。

而且，在她看來，過去的一年，她幾乎為每個丟過文章連結的人都貢獻過瀏覽數，搶個小紅包也不為過吧？

讓她不明白的是，自己怎麼就變成了一個人品不好的人呢？

小莉的遭遇更慘，在一個微信群組裡，由於她搶了幾個紅包沒有回發，直接被踢出群組了。她私下和我吐槽說，發紅包的人，也沒有說明哪些人能搶哪些人不能搶啊。

的確，現在越來越多的微信群組不再都是熟人組成的，很多人都是見過一面或者未曾謀面的，每個人對於群對自己的重要程度定義不同，自然會以不同的態度對待，表現在發紅包和搶紅包這件事情上，態度自然也不同。

而因此就上升到一個人的修養和人品，的確會讓人不舒服。

軍哥也好，阿媛和小莉也罷，因為都是朋友，所以我很確信他們的人品是沒有任何問題的。他們不在群組裡發紅包，那是因為那些群組並不是他們在意的。

所以，發紅包和搶紅包，並不能就因此判斷出一個人的情商高或者人品好。

對重視和在意的微信群組，自然會第一時間發紅包給大家，也會感謝發紅包的朋友們，而對根本不在乎的微信群組，可能紅包都懶得搶，更別提發了。

畢竟，我們每個人的力氣和情感有限，要將其都用在最有用的事情上，不要被那些不相關的人、不重要的事占用。

有人說，現在的人，地上有一塊錢人民幣，都不見得願意去撿，可為了幾毛幾分錢人民幣的紅包，卻願意起早熬夜，樂此不疲，到底是為了什麼呢？

起初我也不理解，後來瞭解了心理學的「心理帳戶」，我才明白，原來熱衷於搶紅包是「合理」的。

在經濟心理學概念中，我們每個人都有很多個「心理帳戶」，我們會把不同的收入和支出放到不同的帳戶裡，專款專用。

而心理帳戶和傳統經濟帳戶最大的不同是，在經濟帳戶裡，每一塊錢都是可以相互替代的，一塊錢就是一塊錢，但不同心理帳戶之間的一塊錢，卻是不可替代的。

以紅包為例，我們為紅包特別設立了一個心理帳戶，所以微信群組裡搶來的紅包都是意外的收穫，哪怕是幾分錢，也是值得為此特地定個鬧鈴的。

也因此會有人在搶到大額紅包後，拿出一半或者全額發給群組成員們，因為這筆錢並沒有動到其他的心理帳戶，更和傳統經濟帳戶無關。

由此來看，有些人雖不願意在群組裡發紅包但也忍不住要搶，是有心理學依據的，自然是可以被理解的。

當然，這不是說就要鼓勵大家透過搶紅包這件事情來詆毀一個人的人品，也不是鼓勵大家只搶不發。

願意發的人開心地發而不要渴求能收回多少，想搶的人隨著心意搶，只要你不介意別人對你的質疑。

總之，紅包本來就是為了替生活帶來驚喜，因為這個而讓越來越多的人不開心，就不值得了。

那麼，既然有群組成員們因為搶紅包而感到不舒服，那麼，如何發紅包才會減輕或者避免為大家帶來這種不好的感覺呢？

畢竟在微信群組裡發紅包有人際互動的因素，也是我們日常生活所需要的。

我覺得首先就是發紅包的人，不要自主設定一些規則，比如搶到最大的紅包必須要發一個同等金額的紅包之類的。

因為發紅包是自願原則，不能因為自己發了紅包，就要求別人做什麼。

除非這個規則是所有群組成員們一致認同，或者群主在建群組之前就已經定義好的，否則，你的這個行為，就會讓很多人不舒服。

畢竟沒有人喜歡別人逼迫自己做任何事情。

其次，發的紅包被搶後，不可以主動要求群組成員們必須回發。

你願意發，群友們願意搶，這也是你情我願的，何況現在大家都很忙，能進群組搶紅包的，也算是「真愛」了。

我最近幾天在一些群組裡發的紅包，有很多都沒有被領完而退回給我了。

試想一下，如果你在一個幾百人的群組裡發了一百個紅包，但卻沒有一個人搶，該有多尷尬？

所以，我們也要感謝那些點開我們紅包的人，是他們，讓我們發紅包這個動作變得完整了。

最後一點，那就是千萬不要在群組裡抱怨那些搶了沒有發的人人品不好，情商不高。

畢竟群組裡人數眾多，你很難判斷出哪些人是只搶不發的，或者哪些人發得多哪些人發得少，你的抱怨可能會讓很多人感覺到不舒服。

尤其是像 tag 軍哥那樣的動作，更是建議不要做，萬一你 tag 錯人了，那就尷尬了。

總之，你既然是真心誠意地發紅包，那就誠心誠意地期待群組成員們搶得開心吧！

最近網路上有很多關於紅包的段子，雖有一定的道理，卻也誇大了紅包在人際溝通中的作用。

比如，「沒有用一個紅包解決不了的問題，如果有，那就兩個」「所有能用紅包解決的問題，就不要用言語」「感情有多深，一個紅包就見真」「有的沒的不要講，誰給紅包誰就親」等。

我們都知道，人際溝通中最重要的是雙方互動，投桃報李。你發給我一個紅包，我也發給你一個紅包，這樣一來一往的紅包行為，的確容易讓兩個人之間產生了一種感情的連接，但這畢竟是非常微弱的。

人和人之間，想要有更深入的連結，還是需要彼此的交流，尤其是面對面的交流。哪怕是訊息一對一的交流，也好過在群組裡發個紅包搶個紅包的連結來得更加真實。

發紅包搶紅包或許會開啟一段關係，卻無法讓一段關係更緊密。有時候過於迷戀這種方式，反而會阻礙成為人和人之間更親密的關係。

所以，發紅包搶紅包的時候，也記得多和新連結的朋友進行一對一的交流，能線下見面聊最好了。

真正的人脈，就是你的真功夫

週末和閨密約著喝下午茶，聊到她最近新換的工作，她調侃說：「你看啊，美女總是成堆的，就像高手總是如雲的。」

她告訴我，現在她的老大是她的一個老鄉，她們是在老鄉會上認識的，當時老鄉們知道她在一家企業做高階管理人員，大家都一窩蜂地湧上去和她拍合照。

閨密並沒有湊熱鬧，只是和對方交換了聯絡方式。

後來聽說老鄉們又拉著她辦過好幾次聚會，有人想去她的公司上班，但都被拒絕了。有一次，閨密看到她在社群動態發了一個求助的訊息，是關於外貿業務的範疇，恰好是閨密擅長的，就主動幫她解決了問題。

後來每次她遇到了類似問題，都會主動聯絡閨密。一來二往彼此也熟悉了。

前不久，她告訴閨密，公司一個職位有空缺，很適合閨密，而且給的薪資是閨密現在的兩倍。

「其他老鄉知道後，都說肯定是我私下拍人家馬屁才得到這個機會的。」閨密喝了口咖啡，笑著說。

其實，閨密從未刻意討好過，只是恰好讓對方知道了她的實力和真功夫而已。

社交的基本原則，是價值交換，如果你沒有真功夫，無法提供價值給對方，是沒有人在乎你的存在的。

所以，認不認識誰其實沒那麼重要，重要的是，你有多少真功夫？

社交平台裡有些人，成天展示和知名人士們的合影，看上去人脈網很強大。

前不久，有個朋友需要一個助理，私訊我讓我幫忙留意推薦。

我問他，小牛不是剛辭職嗎，和你也很熟悉。

朋友說，和他是很熟，但是他沒什麼能力啊，助理他也根本無法勝任。

而就在前幾天，小牛還和我吹牛，說他和我這個朋友的關係多麼鐵，讓我以後有需要隨時和他說。

小牛以為認識人家，就是自己的人脈。殊不知，當你沒有真本事，無法為對方提供任何價值時，那個人並不是你的人脈，頂多是你認識的一個人而已。

俗話說得好，你是什麼樣的人，自然只能結交到哪個層次的人，大家都更願意跟自己「勢均力敵」的人做朋友，你無法為別人提供價值，別人憑什麼要和你成為朋友？

你有多厲害，你的人脈就會有多暢通，而累積人脈的核心，就是要不斷透過掌握真功夫而去提升自己的價值。

魯迅和蕭紅的關係一直很好，但其實，這是蕭紅不斷寫信給魯迅的結果。

要知道，魯迅的朋友都是蔡元培、胡適、章太炎……每一個都是如雷貫耳的文豪，一個初出茅廬的年輕作者，又怎麼能入得了他的法眼呢？

但隨著蕭紅不斷寫信給魯迅，魯迅便被她的才華打動，他喜歡蕭紅的率真和才華，說她是「中國當代最有前途的女作家」。

於是，他不但把蕭紅當成了朋友，還把她介紹給文壇的人，為她的《生死場》作序，還邀請她到家裡坐坐。有時聊天晚了還要送她下樓，讓她有空再來。

魯迅之所以把一個初出茅廬的作家當成自己的朋友，就是因為蕭紅是一個優秀的作家，是蕭紅的才華征服了魯迅。

總是有人抱怨說，怎麼自己沒有好運氣碰到貴人拉拔？其實呢，是你要先變得優秀，才能吸引到貴人的。

這兩年大家都在熱議「階層固化」，說普通人的上升通道已經越變越窄了。但我依然看到許多普通人憑著自己的專業發展得越來越好。

也就是說，當你沒錢沒資源沒背景的時候，唯有「真功夫」才是讓你脫穎而出的最佳武器。

我認識一個做甜點的女孩，她因為要幫孩子做點心，就順便在社交平台上賣，結果有個做投資的朋友恰好非常喜歡吃她做的甜點。

後來朋友乾脆投資她，幫她在社區裡開個甜品店。在那位做投資的朋友的支持下，她又開始招收學徒教大家做甜點。

本來只是自己做來吃，卻因為認識了那個做投資的朋友，而開啟了一份新的事業。

這樣的故事，在我的身邊每天都有發生。

而看那些成天想著有貴人提攜的人，做著六七十分的工作，卻試圖去獲得一百分的人脈資源，顯然是不實際的。

當大多數人都在談人脈有多重要的時候，只有少數人在埋頭磨練自己的專業能力，掌握了真功夫。

也正是這些少數人，憑藉專業能力吸引了一大波人脈過來。

無論你當下在做什麼，當你足夠專業了，在一個領域做到數一數二了。人脈、資源、錢這些東西自然會來。

對別人用力太多，對自己卻用心太少

朋友美美人如其人，特別美，而且還特別能幹，能賺錢。

唯一不完美的，就是迄今為止單身，她所有的戀愛都沒有超過三個月，而且都是她主動提出分手。

而她分手的理由，永遠都是對方的問題，要麼就是對方太小氣，要麼就是對方不懂得浪漫，陽剛點的男人她覺得別人太大男人主義，性格溫和點的男人，她覺得人家沒有男人味。

有次終於找到了一個我們都覺得綜合實力不錯的男朋友，在我們的一次聚會上，她當著所有人的面挑剔對方當天穿的衣服不好看，無論我們怎麼暗示她都停不下來，硬是把人家從頭到腳評論了一遍。

我記得當時那個男人的臉都綠了，但是他是真的很愛美美，並沒有當場離去，只是聽說事後兩個人吵了一架。

就為這個，美美又和對方分手了，理由是對方太小家子氣，不包容她。

後來我冷靜想想，其實發現美美是一個很喜歡挑人家毛病的人，無論是誰，她首先看見的都是人家的缺點和不足。

事實上，她自己身上的毛病也有很多，沒有同理心，凡事從不考慮對方的感受，任何事情都是以自我為中心。

她始終無法確認一份關係，其實和她自己是有著很大的關係的。

她費盡心力證明了那些男人的糟糕，卻放任自己將錯就錯。

其實，當我們把太多的時間和精力花在別人的身上，用來證明對方是錯的，也就是說，我們絕大部分的能量，也花在了證明自己委屈上。

而很多時候，你的煩惱和痛苦恰恰來自於對別人用心太多，而對自己用力太少。

當你開始向內看，不斷改變自己，你會發現整個世界都不同了。

剛開始學習寫作沒多久，我就和很多學習寫作的新人一樣遭遇退稿。

當你看見自己用心寫的文章被編輯退回的時候，內心是很痛苦的。我們幾個文友建了一個群組，有陣子大家就在群裡抱怨，說某某編輯不識貨，要麼就是哪個編輯審稿太慢，導致自己的熱門文章錯過了最好的發表時間。

每天大家一起抱怨，起初我覺得很開心，因為內心得到了撫慰，時間長了我就發現不對了，每個編輯都有自己的審稿要求，這個是我們無法改變的，我們唯一可以改變的，就是提升自己的寫作水準。

於是，我毅然退了出來，每天拆解爆紅文章，不斷地修改文章，只要有機會，就會向編輯請教如何把我的文章修改得更好。

當我開始向內看自己，關注自己的問題，我發現，我的文章水準開始提升，那些很忙的編輯，也開始來找我約稿。

馬可．奧理略在《沉思錄》說過這樣一段話：「絕不要去猜測別人的心裡在想什麼，揣摩別人心思的人從來都不是幸福的人。」

他認為，每個人都應該關注自己內心的所思所想，如果連這一點都做不到，那是很可悲的。所以，不要對別人用力太多，更多關注當下的自己，如何提升自我才是最應該做的事情。

就這點，我很喜歡心理學專家李松蔚老師的說法，大意是說，一個人從面對事實，到能夠發自內心地接受這個事實的存在，還需要度過或長或短的一個時期。

他說，有一些人面對問題，會把絕大部分的能量放在自己的委屈上，並且會制定類似這件事是不應該的、不合規矩的、人神共憤的規則，並且將其作為心理上的護城河。

仔細想想，身邊這樣的人還挺多，而且往往都過得不好。

電視劇《都挺好》裡面郭京飛飾演的二哥就是這樣一個很會替自己找理由的人，當別人說他媽寶男時，他卻理直氣壯地認為，是他媽媽讓他不要努力的。

所有蘇家的三個孩子裡面，他混得最慘。投資失敗，明明是自己的選擇，卻要求拉他入夥的主管負責，結果是惹怒了對方，搞丟了工作。

和他恰恰相反的是姚晨扮演的三妹蘇明玉，按理說，從小被父母嫌棄的她才是最有理由頹廢的。她沒有始終耿耿於懷父母為何如此待她，而是在十八歲那年選擇離開家，自己養活自己。後來遇到了老蒙，從銷售業務員開始做起，再後來成了集團公司的核心高階管理人員。

其實，生活中你與其對別人用心，不如對自己用力，因為我們可以改變的，也只有自己。

在電視劇《離婚律師》有一句台詞是這樣說的：「你總是對別人要求太多，對自己要求太少。一旦生活出現了問題，就把責任推卸給別人。你把自己的幸福建構在別人身上，可是生活是自己選擇的呀。」

的確如此，無論當下你覺得有多麼的不公平，這都是你自己的選擇，一味地對別人提要求，還不如正視自己的問題。

希望你從今天起，能夠對自己多用心。

不是你的東西你別碰，不是你的圈子你別進

網路上這句話非常流行：「圈子決定未來，一個人要學會升級自己的圈子。」的確，圈子真的重要，這是一個不爭的事實。但一個前輩告訴我，圈子就像是一塊磁鐵，如果你是一塊木頭，那你怎麼融也融不進去。如果你是一塊鐵，不需要你費多大力，圈子就會把你吸引進去。

這點我感同身受，有時候比你厲害的圈子你根本擠不進去。

二〇一二年，因為公司業務需要和大量的個人站長合作，我要主動認識他們並且促成合作。當時為了能同時接觸到更多的站長，我們公司主辦了「深圳站長大會」，我是負責人之一，實際負責和各個站長接洽並且促成合作。

當時帶我的前輩，暫且稱呼他為F吧，要求我吃飯和舉行活動的時候，必須和最厲害的幾個站長在一起。

到如今我記憶依然很深刻，大會結束我們去海邊燒烤，大家自由組隊，那些厲害的站長，就自動坐了一桌，按照「要求」，我必須要坐到他們那一桌，我就厚著臉皮去問能不能坐到他們那一桌。

「對不起啊，我們人夠了。」有位站長不好意思地說，然後我眼睜睜地看著他們替比我來得晚但是很厲害的一個站長讓出了座位。

因為有「任務」在身，我並沒有離開，而是自己找了個位置坐下來，幫他們燒烤啊，拿啤酒什麼的，但是全程根本無法參與他們的聊天。

那次燒烤是我吃得最痛苦的一次，我深深地體會到，你的「內功」不夠，再厲害的圈子你也擠不進去，就算像我那樣硬擠進去了，自己也會很難受，對方也不接納。

有時候，為了融入一個圈子，有些人削尖了腦袋去往裡湊，那樣只會被別人用異樣不屑的眼神看待，很容易就像當年的我一樣，被人看成一個小丑，把自己搞得狼狽不堪。

還有更慘的，非要擠進一個和自己身分地位不同圈子，結果輕則被趕出來，有的甚至因此而喪了命。

《水滸傳》裡有梁山一百零八好漢，有人在山上吃肉喝酒，有人在山下看門放哨，地位不同，圈子也不同。

有一個情節是，韓伯龍入夥後，在山下開了一間小店，有次李逵吃酒不給錢，他很生氣，就說：「老爺是梁山泊好漢韓伯龍的便是！本錢都是宋江哥哥的。」

他以為和宋江是一個圈子裡的，想以此震懾李逵，誰知道李逵根本不帶問底細的，直接一板斧把他砍死了。

可憐他自以為在圈內，結果被圈裡人砍死的時候人家都不認識他。

水泊梁山一直都是有圈子之分的。宋江在未上山之前，無論發配到哪裡，都有一幫人追隨。

宋江原本不想上梁山，但梁山卻希望他去。盧俊義不想去梁山，梁山卻歡迎他。被李逵殺死的韓伯龍擠破頭想去梁山，梁山還是沒給他名額，最終還命喪於李逵之手。

福樓拜的《包法利夫人》寫的就是一部活生生的擠圈失敗史。

艾瑪渴望進入巴黎貴族的圈子，卻偏偏逃不了窮裁縫女兒的出身和嫁給平庸的農村醫生的事實。她不甘心。

為了擠進巴黎貴族圈，她去參加伯爵的宴會，一番折磨狼狽歸來。她搭訕鄉紳，包養巴黎大學生。她不肯放過任何向更好圈子進軍的希望，卻一次次被拋棄，傷痕累累。

想要進入更好的圈子，唯一可以做的就是強大自己，只有你讓自己變得有價值，才會有圈子圍繞著你轉。

直接點說，圈子難融，不必強融。融不進去的圈子，那也不是你的人脈，倒不如精心修練，以後自然有圈子歡迎你進入。

所謂的圈子，都只是你開始變得越來越優秀的衍生品而已，不是你刻意追求就能擁有的。

朋友小博創辦了一個農產品的商城，事業做得風生水起，後來她想把自己這些年輕創業的經驗總結出來形成課程，幫助到更多的人。

於是，她一個和知識付費自媒體沒有任何關係的人，開始付費頻繁地參加各種培訓，同時推出了自己的知識付費產品。

沒過多久，她就加入了各種在我看來都很「高層次」的圈子，並且在高人的指點下一路迅速成長。

她的故事讓我深深地意識到，想進入高層次的圈子，不是你要費盡心思在圈子本身，而是只有當你開始不斷成長，你自然就會吸引到優質的圈子。

有時候，我們會覺得優秀的人不合群，其實人家只是不願意和你溝通，畢竟認知不同格局不同，是很難聊到一起的。

而且，想進某個圈子還是要靠實力說話，不是你想進去就能進得去的，加上如今的圈子越發複雜了，沒有好的本事還真擠不進去。

有位網友，就特別羨慕那些名人們，於是想盡辦法加對方的聯絡方式，留言給對方，千方百計靠近別人。無奈他雖有入圈之心，卻沒有入圈的本錢，最後只能落荒而逃。

有次他看見有位名人舉辦了一個線下聚會，他就自己主動去了，誰知道人家約在一起是聊一個專案，根本無法讓他參與，當時的尷尬可想而知。

我認識的人裡面，但凡是發展得好的，在最初，都不會花太多時間非要去混圈子，而是用心修煉自己的內功，讓自己變得優秀。

我很喜歡作家霧滿攔江對「圈層」的說法，他說：「不是你的人脈你搆不著，因為你的認知上不去，就算你進了那個圈子，也沒有辦法成為真正的朋友。」

有人對此打了個很貼切的比方，說就好像幼稚園的孩子進了大學，大學的學生哄哄你還可以，但是要硬跟大家比學業，就只能搞笑了。

所以，實力才是一個圈子的通行證。只有你的認知和能力提高了，你才可能會被更高的圈子所接納，自然也會有更多的機會、更廣闊的資源和更多的人脈。

真正受歡迎的人，都懂得欣賞他人

和達因是在價值變現研習社認識的，在幾乎沒有深入交流的情況下就被她圈粉，就連我和迪雅每次聊天，都會情不自禁提到她。

關鍵是，她人在美國，有時差，在網路上相遇的次數都是可以數得過來。

到底為什麼會被她吸引呢？

直到前幾天她忽然在一個群組裡發言時，我找到了答案。

她來之前，我們大家聊了很多內容，她一出現，第一句話就是：「太棒了！」我留意了下，無論她說什麼，都不會忘記說：「太棒了！」

這讓我聯想起，她第一次找我聊天，就說感覺文芳老師太棒了，說實話，那會我猜測她一定不怎麼瞭解我，但我就是很受用啊，默認自己很棒（不要臉）。

她在網路上轉載過一篇我的文章，據說閱讀量還可以。

於是，但凡是我們在一起的群組，聊到寫作，她都會說，文芳老師寫作很厲害，她的一篇文章在我的帳號上閱讀量比我自己寫的高多了。

前陣子我發了一則社群動態，說自己的工作室開張了，她立刻幫我發了一則社群動態，還說我是她寫作路上的引路人，實際上，我也只是和她私下溝通了幾次關於寫作的心得而已。

再就是我推出了一對一約聊，她就在群組裡說，文芳老師超棒啊，給了我寫作上的很多引導。

你們發現了嗎？她特別會欣賞別人，而且會把欣賞毫不掩飾地表達出來。

仔細想想，身邊那些受歡迎的人，其實都有這個特質，就是懂得欣賞別人。

我記得有位名人說過這樣一句話，大意是說，當你懂得欣賞別人，不僅能給予人撫慰、溫馨，還能給予人鞭策，使人的潛能被充分地激發出來。

這點我深以為然，每當有人欣賞我，我就會更加努力，也許就是這個道理。

臺灣作家林清玄就有過類似的經歷。他讀高二時被記了兩次大過，兩次小過，還被留校察看。由於他的學業和操行都是劣等，大部分老師對他很失望。唯獨國文老師王雨蒼先生很欣賞他，常常把他帶到家裡吃飯，自己有事請假時，還讓林清玄幫同學們上語文課。

王老師對他說：「我教了五十年書，一眼就看出你是個能成大器的學生。」

這句欣賞的話讓林清玄感動和震撼，他發奮努力，決心不負老師的厚望。

後來大家都知道了，林清玄成了著名的作家。

試想一下，如果沒有王雨蒼先生對林清玄的欣賞，或許他就不會發奮，我們也看不到他那麼多的優秀作品了。

巧的是，作家列夫．托爾斯泰在出名前，也是因為得到了當時著名作家屠格涅夫的欣賞和肯定，激發了他對文字創作的熱情，並堅持寫了下去。

據說，列夫．托爾斯泰寫了一篇小說為《童年》，發表在一本雜誌上，當時他的初衷僅僅是為了打發無聊的日子。

結果，就在一八五二年秋，屠格涅夫在野外打獵時無意中撿到這一本雜誌，被《童年》吸引。雖然當時的作者列夫．托爾斯泰沒什麼名氣，但屠格涅夫卻四處打聽作者的消息，並且找到了作者的姑姑家，甚至還跟作者的姑姑一再強調：「這個年輕人繼續寫下去，前途無可限量。」

由此可見，懂得欣賞別人何其重要。

威廉．詹姆士說：「人性中最深切的心理動機是被人賞識的渴望。」

其實，我們每個人都渴望得到別人的欣賞，而欣賞與被欣賞，是一種互動的力量之源。欣賞別人的人就會心情很好，有成人之美的善念。被欣賞的人呢，就會被激發出向上的志氣。

當然了，欣賞別人不是廉價的吹捧和無原則的誇獎，那就成了我們平常說的拍馬屁，大部分人都是很反感的。更不是投其所好的精神按摩，也不是卑躬屈膝的精神行賄。

你那樣做的結果，只會適得其反，讓越來越多的人更鄙視你。

正確的做法是，發現別人的長處，並真心加以尊重和學習，使之變成促進自己進步的力量。

換句話說，你欣賞別人，無形之中也在提高著自己。

就說文章開頭提到的達因，她人在美國，主業很忙，副業也做得風生水起，這和她懂得欣賞別人多少有些關係。

你欣賞別人，就會更容易看見別人的長處和優點，這也是有利於自己成長的。而且，當你懂得欣賞別人，也會吸引更多的人欣賞你，願意和你合作，你自然就會成長得更快。

那麼，欣賞別人的「正確姿勢」是什麼呢？

尤其是在虛擬的網路上，大家彼此都不是那麼瞭解，如何能夠更巧妙地表達你對別人的欣賞呢？

我總結了兩個方法，分享給大家：

第一，多描述細節。

欣賞他人不是就傻呼呼地說「我欣賞你」，一定要注意強調你欣賞對方的細節。

比如達因提到我，就會說我那篇文章在她的帳號上閱讀量還不錯，這就顯得有根據了。你想要向一個人表達對他的欣賞，就要多關心對方，記住對方讓你欣賞的一些細節，這樣對方就覺得更加真實。

第二，初心是真誠的。

我是一個不喜歡招式的人，所以，你向他人表達你的欣賞，切記你的初心是真誠的，所謂討論都是為了讓對方更好地感受到你的初心。

如果你的初心不是真心地欣賞，而是有意巴結，那你講再多的細節都是沒有用的。

其實，每滴水裡都藏著一個太陽，每個人身上都有亮點。

從現在開始，去欣賞他人吧，你一定會越來越受歡迎的。

你的人脈圈暴露了你的高度

你的財富和智慧等於最親密的五個朋友的平均值。

一個人賺的錢，八七．五％來自人脈關係

在網路上看見這樣一則新聞：一名五年前就年薪三十萬人民幣的銀行行長辭職當了農民，回家承包了一千餘畝山從事種植。

坦白說，這個新聞本身並沒有那麼引發我的感受，畢竟海歸、高階管理者之類的優秀人才下鄉務農的新聞，幾乎每隔一段時間就會冒出來幾個，不是新鮮事。

但新聞中有兩個細節引起了我的注意。

第一個細節是：這個銀行行長的父親原來就是興安縣園藝場的廠長，注意，不是普通的農民，而是廠長。

第二個細節是：這個行長曾創造了在社交平台一天賣一千公斤奇異果的紀錄，就算一公斤十塊錢人民幣，那一天的銷量也是一萬人民幣啊。

這一千公斤奇異果背後可都是一個個真實的人，雖說奇異果不是什麼金貴物品，但至少說明，人家行長社交平台裡的人都是有消費力的，反正如果換成我，我的社交平台是沒有這個購買力的。

的確，這個行長能有今天這樣的成績，必然和他的努力付出分不開，但他的人脈圈也一定發揮了不小的作用。

他的父親以前是園藝場的廠長，家裡的人脈圈想來要比普通農民的層次高一些，所以他回家不是當普通的農民，而是承包了一千餘畝山地。

而他離職前在銀行當到了行長，人脈圈的層次也不會太低，這從他一天能賣出一千公斤奇異果就能看出來。

當然了，新聞事件本身或許不能說明什麼，但顯而易見的是，一個人的人脈圈對於其事業的發展是有著非常重要的作用，甚至直接影響著一個人的事業高度。

在好萊塢就流行著這樣的一句話：「一個人能夠成功，不在於你知道什麼，而是在於你認識誰。」

可見人脈對於成功的重要性。

史丹佛研究中心的一份調查報告也曾指出：一個人賺的錢有一二．五%來自知識，八七．五%來自關係。

而美國商業哲學家吉姆．羅恩直接提出了這樣的理論：「你的財富和智慧等於最親密的五個朋友的平均值。」

有人說：「人脈投資是世界上威力最猛的投資，人脈所產生的效果是所有投資的總和。」

當你的人脈圈層次夠高，你就可以從中獲取足夠多的資訊、資源甚至資金。

而且，層次高的人脈圈也能夠促進自身的發展，無論是人生觀、價值觀還是世界觀，都會不同程度地被洗禮和調整，自身也會變得越來越有格局。

所以，你擁有的人脈，影響著你事業的高度。

人脈就是人與人之間的價值交換

既然人脈圈這麼重要，那麼，到底什麼是人脈呢？

中國一位名人王利芬曾說過：「所謂人脈，就是人與人之間的價值交換，沒有價值的人脈是一種短暫的求助關係。」

而美國著名的社會學家霍曼斯也在他的社會交換理論中指出：「任何人際關係，其本質上就是交換關係。」

這樣看起來，實力相當的人總是在一起就不難理解了。

你的「可交換價值」越大，你才能吸引同等「能量級」的人，畢竟人與人之間的交往也確實存在赤裸裸的利益關係，你總得有值得我去和你交往的東西。

這也就決定了交往的層次也是由自身實力所決定的，你的層次越高，你周圍的人的層次也越高，你所能利用的資源也就越多。

我認識一個前輩，他總是能在有了新的創意後迅速找到投資他的人，讓我們都很羨慕。

有次一起吃飯，恰好有個他的投資人也在場，我們好奇為什麼他們喜歡投資前輩呢？那個投資人很直接地說：「因為他的創意往往都能幫我們賺到錢。」

原來這幾年，前輩創立的幾家公司營運得都很好，其中一家公司創立當年就獲利了，目前已經到了第三輪融資，市值已經過億人民幣了。

我這才恍然大悟，不是說投資人喜歡投資前輩，而是他能回報給投資人更多的收益。

所以，當你抱怨你的人脈圈層次不高時，應該回看自己，你能為身邊的人提供什麼價值呢？

據說，「攜程網」的兩位創始人沈南鵬和梁建章第一次相識是在一九八二年中國第一屆的中學生電腦競賽上，這兩個十五歲的神童同時獲獎。

或許當時他們不會想到兩人會聯手創造一個中國網路產業的奇蹟，但至少他們要好，是因為都很優秀，都可以為彼此提供價值，而不是誰依附於誰。

自身實力決定人脈高度

前幾天無意中讀到這個小故事，覺得很有趣。

戰國時期，齊國有一位著名的學者名叫淳于髡，深得齊宣王的信任。

齊宣王喜歡招賢納士，於是讓淳于髡舉薦人才，結果，淳于髡一天之內接連向齊宣王推薦了七位賢能之士。

齊宣王很驚訝，表示不太相信，大意就是說：「人才是難得的，一年之內才能找到一個，而你一天之內就推薦了七個賢士，那賢士是不是太多了？」

淳于髡的回答非常精彩，他說：「這是因為天下同類的事物，總是要相聚在一起的。」我淳于髡大概也算個賢士，所以讓我舉薦賢士，就如同在黃河裡取水，在燧石中取火一樣容易，我還要向您再推薦一些賢士，何止這七個！

這個典故也是「人以群分，物以類聚」出處，在生活中，我們也不難發現，各項條件相似的人，總是更容易成為朋友。

說直接點，就是你的實力決定了你的人脈高度。

記得畢業第一年，我在一家公司做職員，那時候交的朋友也都是和我一樣剛畢業出來打工的。

我印象很深的是，週末去書店參加一個讀書活動，自我介紹完之後，發現願意和我走近的，也都是我一樣沒有什麼實力的。

那些高官、老闆，自然地就坐在了一起。

你是什麼層次的人，你就只能吸引同樣層次的人，你有實力，你的人脈圈才會有高度。

有專家曾觀察過，就連在幼稚園裡，玩具多的孩子會更容易被其他孩子當作朋友。

就像網路作家羲和清零在《助理建築師》中說的那樣：「人脈固然重要，都比不上自身實力重要，因為實力才是交朋友的本錢，否則即使有人脈也是白搭。」

的確，唯有讓自己厲害起來，人脈自然會來找你，如果你什麼都不是，你就沒有人脈。

提升自己才能提升人脈

有人說：「一個人的實力哪裡是那麼容易提升的，尤其是金錢、地位、名譽，這些看起來都距離普通人很遙遠。」

的確，有些資源的獲得會更加依賴出身和運氣，但有些資源卻可以從零開始的。

比如一個人的才華與學識，我們沒有必要抱怨那些自己沒有的，而是可以集中精力改變那些能夠改變的。

專心打造自己，把自己打造成一個優秀的人、一個有價值的人，就等於打造了自己的人脈。

因為你不優秀，認識誰都沒用，別一味地追求人脈，而是要把自己變成人脈。

有專家說：「你最常接觸的五個人，平均起來就是你自己，一個人的人脈圈，決定了他的事業高度，也預示著他的未來。」

請你好好想想，在你身邊，這五個人是誰？

閨密的格局影響著你的人生層次

能夠拔刀相助的閨密顯得尤為重要，但是我覺得，更重要的是，閨密能夠給予我們向上的力量，帶領我們走出人生的低谷。

電視劇《我的前半生》很火，裡面很多劇情到現在依然會被大家提起。我最喜歡的一個人物就是袁泉飾演的職場菁英唐晶，不是因為她在工作上有多麼能幹，而是她對閨密子君的仗義打動了我，當時被網友們冠以「最仗義的閨密」。

尤其是當陳俊生提出要和子君離婚後，唐晶沒有像其他閨密一樣，義憤填膺地咒罵出軌的老公有多麼無情，轉身就勸說不要輕易離婚。

而是很冷靜地告訴子君，必須面對現實，先找到一份能夠養活自己和兒子的工作。

子君吃了安眠藥被送到醫院，唐晶在得知子君身體已經沒有大礙後，連夜帶子君離開醫院，趕回家裡幫她查找適合的工作職缺。

面對依然對工作挑三撿四的子君，她說：「人這一輩子，總會有那麼幾個時刻，逼著你不得不離開自己的舒適地帶。」

並且提醒子君，你已經不是衣食無憂的陳太太了，你和普通的打工妹沒有什麼區別。

從始至終，唐晶向子君傳遞的資訊都是「你不能依靠任何人，只能靠你自己」，某種程度上，她扮演了閨密子君的人生軍師，引導她從人生的低谷慢慢地走出來。

閨密之間的情誼，其實也就是友情，關於友情，我很喜歡培根的這段話：「友誼不但能使人生走出暴風驟雨的感情而走向陽光明媚的晴空，而且能使人擺脫黑暗混亂的胡思亂想而走入光明與理性的思考。」

人生難免會遇到各式各樣的難關，這種時候我們最容易情緒低落而失去思考和判斷力，閨密的導向就顯得尤其重要。

而像唐晶這樣的好閨密，引導著子君走入了光明與理性的思考，幫子君改變了人生航向，讓她接下來的人生提高了一個層次。

試想一下，如果子君沒有唐晶這樣的閨密，那麼，可能她這輩子都會是那個依靠男人養活的一無是處的「某太太」。

關於閨密對彼此的影響，我聽過這樣一個真實的故事。

小麗和小梅是大家公認的好閨密，兩個人都長得很漂亮，大學畢業後，小麗選擇回到自己的家鄉——陝西的一個小縣城。

然後在家人的介紹下，嫁給了當地一名公務員，衣食無憂，和子君一樣做了全職太太。

小梅研究生畢業後，留在了深圳，然後開始了一段人人都羨慕的戀情。

男朋友是網際網路領域的，這幾年流行創業，男朋友也和幾個朋友合開了一家公司。

結果，由於經驗不足，公司很快就倒閉了，原本就沒有多少積蓄的他們生活也變得捉襟見肘。

那段時間，小梅幾乎天天找小麗傾訴，小麗總是勸小梅分手，然後回到自己的家鄉，過和她一樣毫無壓力的生活。

起初，小梅是抗拒的，但是當上了一天班，回到她和男朋友租住的簡陋小屋，再看看小麗發來的正在做 SPA 的照片，她慢慢心動了。

後來，小梅終於還是聽從了閨密小麗的建議，和男友分手後回到了自己的家鄉，在小麗的張羅下，她也嫁給了一個有穩定收入的男人。

最開始小梅在當地一家企業做職員，閒著沒事做的小麗，每天不停地約她逛街、打牌，要麼就是去 SPA，時間一長，小梅乾脆也辭職了。

於是，小麗終於成功地將小梅變成了和自己一樣無所事事的全職太太。

兩個人成天裡除了聊娛樂八卦，就是老公和孩子，就算她們的老公不出軌，那麼，她們接下來的人生，也註定了會平淡無奇。

小梅在男朋友創業失敗後找閨密傾訴，閨密沒有勸她盡快振作，也沒有給她好的建議，而是勸她選擇退回舒適圈，放棄努力。

這種行為，就是間接地拉低了小梅的人生層次，原本她有可能陪伴男朋友度過困難，獲得幸福的愛情，就算男朋友無法再次創業，和男朋友一起奮鬥的過程，也會提升自己的能力。

但就是因為身邊有一個不求上進的閨密整天勸她不要活得那麼辛苦，她的人生航向，也就此改變了。

如果小梅的傾訴對象是唐晶這樣的閨密，或許，她會選擇留下來和男朋友一起面對困難，而不是逃回家鄉。

有人說，有什麼樣的眼界和胸襟，就看到什麼樣的風景，站在山腳，註定了無法體會一覽眾山小帶給心靈的觸動。

而一個沒有格局的閨密，自然也不會在你茫然時，給你高瞻遠矚的建議，而只會把你拉入她的生活圈子，降低你的人生層次。

知名主持人金星曾經在一期節目中，專門聊過閨密的話題。她說，女人是心靈上的動物，精神隨時隨地都在溝通，連上個廁所都不會停。男人是無法滿足女人的這種精神交流的，所以閨密在女人的生活中，扮演著非常重要的角色。

這也就可以想像，閨密之間的相互影響有多麼大。而影響是正向積極的還是消極的，這就和閨密本身的格局有關了。

在「知乎」裡關於「閨密」的話題討論中，有一位網友的說法得到了很多人的贊同：「閨密選得好，彎路走得少！」

是啊，女孩子喜歡傾訴是天性，閨密就是最好的傾訴對象了，所以幾乎每個女生都有閨密，我也不例外。

尤其是在遇到挫折或者面臨人生的重要選擇，女人首先想到的是聽聽閨密的建議，而且，閨密的建議往往直接影響著最終的抉擇。

好閨密，會在你犯錯誤時直言相勸，哪怕被你誤解，也要理性地幫你做出正確的選擇，而不是一味地附和著你的情緒。

正所謂近朱者赤近墨者黑，有一個有格局積極上進的閨密，就像唐晶那樣的，自然會不斷地提升人生的層次。

而如果閨密本身就是一個不求上進、混日子的人，就像小麗，自然也會拉低閨密的人生層次。

金星說：「真正的閨密是要用心的，路遙知馬力，日久見人心。真閨密、假閨密，不在於多親密，只有在你最低谷的時候才能看到人心。」

她說，真正的閨密，是當你紅的時候她遠遠地靜靜地看著你，絕不往你身上貼，當你落魄的時候，她二話不說，雪中送炭，拔刀相助。

我們大多數人這輩子可能都體會不到「紅」的感覺，但在人生的路上，我們總是遇到這樣或者那樣的難關，落魄在所難免。

而能夠拔刀相助的閨密就顯得尤為重要，但是我覺得，更重要的是，閨密能夠給予我們向上的力量，帶領我們走出人生的低谷。

所以，遇到像唐晶那樣有格局的閨密，就好好珍惜吧。

逛聊天群組的三層境界，八成的人都在最底層

以前我們都愛說逛街逛吃，而今越來越多的人熱衷於逛聊天群組了。

於是網路上就有人吐槽，說自從聊天群組闖進我們的生活，逛群組就是許多人每天必做的一件事情了，聽到群組訊息提醒，心和手都發癢。

而且我們每個人擁有的聊天群組數量也挺多，少則幾個，多則幾十個，客戶群組、同事群組、同學群組、閨密群組……

如果每個群組都用心逛，顯然二十四小時都是不夠用的。

但我們卻忽略了一個事實，那就是逛聊天群組也是分境界的，有人逛群組是找資源、找機會，而有的人，純屬是浪費時間。

朋友小媛逛聊天群組就只有一個目的，那就是搶微信紅包，網路上流傳的「古賢追落日，今者搶紅包」說的就是小媛這樣一群人。

他們逛群組的主要目的就是搶紅包，當然那些開外掛搶紅包的不在此列。

為了搶到更多的紅包，他們唯有不停地逛群組，沒事就滑一下，唯恐落下一個紅包。

「也搶不了多少錢，運氣好就能出來個外賣錢。」小媛說，搶紅包就圖個心理安慰，而且也

是因為習慣了逛群組。

想來還真挺可悲的，大把時間用來在各大群組搶紅包，這讓我想起了在路邊乞討的人。

這類人就屬於逛群組的最低境界，只想著從群組裡得到，而從來不懂得付出，而且這類人還有個特點，就是喜歡看熱鬧。

有些人雖然沒有那麼熱衷於搶紅包，但是喜歡圍觀群組裡的討論，無論別人聊了什麼，和自己有沒有關係，對自己有沒有用，都會把群組聊天從頭看到尾，這也是極為浪費時間的，說得狠一點就是在白白消耗生命。

其實，既然忍不住要逛群組，那就在逛的時候努力找到一些對自己有用的資源，總好過白白浪費時間和精力，這是逛聊天群組的中間境界，比最低境界高一點。

處在這個境界的人，看似是逛，其實是在「挖寶」。

前天在寫作群組裡，大家聊到素材來源，女貞姐姐說了這樣一段話：「剛才在另一個群組溜達，忽然發現她們都在閒聊，好惱，感覺浪費我時間，然後我就硬找，從她們的聊天紀錄抄下來五六個『金句』，這才心理平衡。」

當時正隨便逛的我，看見這句話，愣了一下，原來有人是這麼逛聊天群組的？

趕緊請教了一下女貞姐姐，她說，這是讓自己的時間最大效益化。

的確，既逛了群組，又得到了自己想要的，是比純粹瞎逛要划算得多。

在一家網路公司做人力資源的朋友謝軍就深諳這個道理。

他進入了數不清的行業群組，並且每天定期逛一遍，但他會重點關注群組裡活躍的、能夠貢獻有價值內容的人，然後單獨加他們的帳號，並且透過私聊掌握他們的專業以及特長。

「慢慢地，我就累積了自己的人才庫。」謝軍說，網路行業人才流動快，公司專案也經常要創新，所以人才需求也是機動的，而他自從學會了從各大群組搜尋人才之後，再也不為招募不到人而發愁了。

其實，謝軍也好，女貞姐姐也好，他們都有一個共同點，就是帶著目的逛聊天群組，一旦得到對自己有用的資訊，就立即據為己用。

聊天群組對他們而言，就是資源庫，而逛群組，也就是發掘對自己有用資源的一種方式。

還有一類人的境界最高，他們無論進到那個聊天群組，都會把大家的注意力吸引到自己的話題上，聊出自己需要的觀點。

當然這也有個前提，就是你要聊的話題要足夠有深度和吸引人，對大家也有幫助。

另外，古話說，物以類聚，人以群分，聊天群組也適用於這個道理，所以這個境界的人，從來不會盲目進入一個群組，而是會選擇進入對自己有用的、和自己隸屬於同一個群體的聊天群組。

小朱是手繪愛好者，他業餘時間開線上課程教一些成年人學畫畫，所以他進入的群組都是一些熱愛學習的人組成的社群，比如讀書群組、寫作群組等。

而他進群組之後，都會主動找群主介紹自己，在群組裡也積極主動地為成員們免費提供頭貼設計等，也會把一些自己的設計作品發到群組裡讓大家免費欣賞，每次都會引發大家的討論，無形之中，他就宣傳了自己的個人品牌。

也有更厲害的，自己就是群主，定義群組的規則和玩法，他們逛群組，就相當於主管視察工作，然後看看大家的參與程度再調整規則。

總之，這個境界的人，逛聊天群組是為了給更多人提供價值的，更多的是付出，而不單單是索取，但他們也往往是收穫最大的人。

當然了，最近也有越來越多的人開始退出聊天群組，因為大家發現，自己被群組「綁架」了，看見未讀符號就忍不住要去點，浪費了太多的時間和精力。

有心理學家說，退群組是自然選擇，也等同於在過濾複雜的資訊，很多人由壓力產生焦慮，不想把時間浪費在碎片化的資訊中。

這點我也有感觸，針對我加入的幾十個群組，我都會定期整理，不感興趣的就選擇退出，現階段重要的就會置頂。

畢竟群組還是有其優勢的。比如建立群組不需要驗證，群組裡任何人都可以「即拉即入」，溝通起來非常方便快捷。

對於那些沒有什麼營養的群組，我建議退出，沒必要把時間浪費在這些沒有意義的事情上。

而且，有那個時間加入各種群組，還不如集中精力讓自己成長起來，努力成為能夠為別人提供價值的人更實惠。

那麼，逛聊天群組的這三層境界，你在哪一層呢？

據說八成的人都在最底層。

成人世界的人際溝通中有哪些潛規則

「知乎」上有一位剛開始新工作的網友遇到了人際溝通的問題，他苦惱的是，人際溝通中有哪些類似的規則或者潛台詞？怎樣可以盡快地變得「世故」一些？

其實，在我看來，在人際溝通中，我們不是要變得多麼「世故」，而是要透過對人性的瞭解和掌握，讓自己在人際溝通中更加成熟、更加有智慧。

劉墉在《你不可不知的人性》的前言中是這樣說的：「我們應該認知人性，認知我們都是人，有人的惡，也有人的善。甚至，我們應該能由人性的醜惡中，看到人性的善良。」

所以，認知到人性醜惡的一面不是我們的最終目的，而是要在瞭解了人性的醜惡之後，我們能夠諒解，能看到更多人性的善良。

別人幫你是情分，不幫你是本分

在世界上，除了父母兄弟姐妹，沒有人有義務幫助你。

別人幫你是情分，不幫你是本分，甚至大多數時候，父母和兄弟姐妹都沒有義務幫助你。

所以，千萬不要抱怨甚至記恨那些在你需要的時候沒有幫助你的人。

當然了，如果別人喜歡你，幫你的可能性就大一些。

卡內基在《人性的弱點》中，提供了六種讓別人容易喜歡你的方法：

第一，真誠地關心別人。

著名心理學家阿德勒寫過一本書叫《自卑與超越》，在那本書中，他說：「對別人漠不關心的人，他的一生困難最多，對別人的傷害也最大。所有人類的失敗，都是由這些人造成的。」一人際溝通中，真誠和真心最重要，想要對方感受到，就是要用真心和熱情去對待別人，沒有捷徑可以走。

第二，微笑。

古話說，伸手不打笑臉人，而且，微笑會使人明白，我喜歡你，你使我快樂，我很高興見到你。

第三，牢記他人的名字。

羅斯福認為記住一個人的名字，是一個最簡單、最明顯、最重要的使人獲得好感的方法。

第四，做一個善於傾聽的人。

有相關專家論證，一個人對於自己脖子上癢癢的在意，要遠遠超過對非洲四十次地震的關注。

你想要別人喜歡你，自己就要做一個善於傾聽的人。

第五，談論別人感興趣的話題。

別人感興趣的話題才能引起別人的興趣，別人也才會願意和你溝通。

第六，讓別人感到自己重要，並真誠地照此去做。

總之，透過一些努力，可以讓多一些的人喜歡自己，也會在你需要幫助的時候，多一些可能性。

不要輕易找別人借錢，也不要輕易借錢給別人

金錢可以在朋友間互助，但不要讓它成為友情的試金石。

曾經有一個流傳很廣的小遊戲：發給你認為最好的二十個朋友一則簡訊，說現在遇到點麻煩，需要向你借人民幣幾萬元，兩個月之內歸還。如果可以的話給我電話，不行就發個訊息吧，也不要緊，我等你答覆。

然後，靜靜地等待五花八門的拒絕資訊，接著你就知道這二十個朋友是不是真朋友了。

其實這種做法是不可取的。

理性來說，借錢給你是情義，不借給你是理所應當。

因為我們每個人對於錢的感受是不一樣的，同時還會受到現實因素的影響。

不能因為你向某個朋友借錢，對方不借給你，你就認為對方不夠朋友。

這裡面存在兩個認知問題：

第一，你認為金錢和人際關係是對等的。

第二，你自認為對方是很好的朋友，但是對方卻不認為你是他很好的朋友。

所以說，錢是個很特別的東西，一直被視為羞於談起的內容，也正因為這樣，我們常常不把錢的事在前面講清楚了，反而就容易在後面受傷。

總結下，不要輕易向別人借錢，也不要輕易借錢給別人。

別人如何對你，都是你自找的

別人對待你的方式，都是你所教的。

汪翔在《歐巴馬大傳》中，記述了一個真實的故事。

歐巴馬的父親——老歐巴馬，和外祖父史坦利一起約了一些朋友到酒吧喝酒，他是那些人中唯一的黑人。

正當他們喝到高興的時候，酒吧進來了一個白人。

那白人一看到店裡的情形，就對服務生高聲怪叫道：「這麼好的酒讓黑鬼喝了，不是太可惜嗎！」

人們一下子安靜下來，等待著一場惡鬥。

出人意料的是，老歐巴馬平靜地站起來，走到那人面前，非常禮貌地向他解釋人人生而平等，黑人和白人擁有同樣的權利等道理。

最後，那位白人被老歐巴馬的修養和道理所折服，自願拿一百美元買他的原諒。老歐巴馬接受了這一百美元，原諒了他。

老歐巴馬教會了別人如何尊重自己。

其實我們每個人都在無意識中教會了別人如何對待自己。因而，不要再抱怨別人怎麼可以這樣對待我？其實，這一切都是你教會了別人如何對待你。

具體的做法就是：明確直接地表達自己真實的需求。

這樣做的好處是，對方知道你喜歡什麼，自然就不會用你討厭的方式對待你了。

這裡有一點要說明一下，就是在人際溝通中有個互動機制是投射與認同，就是當一個人羞辱你、挑剔你，有時候並非是你的錯，而是他自己的問題。他是把自己內心的東西投射到你身上了。明白這一點之後，我們就可以笑對一些無理攻擊了。

適度的功利心才能幫你找到貴人

人際關係中，功利心太強，難以結交到真正的朋友，但投資人脈也得有目標、有計畫，比如什麼樣的朋友不能交，什麼樣的朋友也許會是自己未來的貴人。

適度的功利心，可以幫我們構造一個好的人脈圈。

所以，我們要主動多結交幫你上進的朋友。

我們很多人都會選擇和自己差不多的人在一起，因為這樣相處起來更輕鬆，不會有被壓迫的感覺，也不會有話不投機的尷尬。

更有人喜歡和比自己差的人相處。

這些對自己都是沒有任何好處的。

古話說，近朱者赤近墨者黑。你和什麼樣的人在一起，慢慢就會變成什麼樣的人。

具體做法是：

第一，可以進修學習。

無論是線上線下，無論是你的專業知識還是你的興趣愛好，報名參加課程，你都會認識新的比你更強的朋友。

第二，多參加線下活動。

現在每個城市都有各式各樣的線下活動，讀書、徒步等，這樣的活動能夠結識各行各業的人，其中不乏比你強的人。

第三，主動連結。

現在網路非常發達，只要你用心，你可以透過各種方式連結到比自己強的人。

總之，努力做好自己，在力所能及的範圍內盡可能給予他人幫助，你的人際關係一定差不到哪裡去。

對不起，我的勞力很貴

身邊總有一些人，覺得你的付出是理所當然，甚至還會一而再再而三地要求你為他們提供免費的服務。

這樣的人，顯然是沒有付費意識的，凡事不想出錢解決，那麼在思考的時候，花費精力、時間，往往花費成本更高，這也說明他們視野比較狹隘，生活自是一般。

而有付費意識的，也就是習慣性用錢解決問題的人，過濾掉了一切浪費時間的因素，通常生活得更好。

有一次，在一個群組裡，小怡說，有人不尊重她的時間和付出，心情很不爽。

原來是有個同事得知小怡業餘時間在為人提供職場諮詢的服務，就想約她週末一起聊聊如何和下屬相處得更好，她建議對方透過 APP 約她。

意外的是，那個人對她收費一事表示不解，還抱怨她太在乎錢。

她覺得很委屈，就來群組裡問我們怎麼辦？

群組裡的 Cindy 說：「既然認可自己的產品，就必須收費，如果不收費，別人還會懷疑你的價值。」

其中有一位網路紅人也表示：「不要無償。」

而在我看來，那些總想要你免費提供服務的人，是一個不值得幫的人。你幫了他，後果是他覺得你該一直幫他，甚至可能要求你幫他更多。

因為人總是希望不勞而獲的，總是希望能夠占到他人便宜。

就像小怡的這位同事，他明明知道小怡提供的服務會對他有用，但卻捨不得花錢，其實就是占小便宜的心理在作祟。

最終群組裡的朋友們一致認為，不要無償為別人提供服務。

就算是對身邊的朋友不收費，也必須要明確告知對方你對其他人是收費的，儘管最終他不給你錢，你也要讓對方知道你的付出是有價值的，不是無償的。

而那些不願意付費的人，也一定要遠離。

我始終相信那句話，願意為你的勞力付費的人，才是最可靠的人。

小花的男朋友是臺灣人，幾乎全年的連假，她都會陪男朋友回臺灣。

於是，身邊的朋友都讓她幫忙從臺灣帶東西。

起初，小花是有求必應。

時間一長，小花就有些受不了了。

因為要她帶東西的人越來越多，東西的種類也越來越豐富。在這件事情上花費的時間也越來越多，她本來是去度假的，結果變成了代購，還是無償的。

後來她就陸續拒絕幫人帶東西了。

只有一個人例外，她每次去臺灣前，都會主動問對方要不要帶東西。

倒不是對方是她多麼要好的朋友，僅因為，每次小花幫她帶了東西，她都會發一個微信的小紅包。

有時是人民幣六點六元，有時候是人民幣八點八元，最多的一次也只有人民幣九點九元，金額很小，但小花覺得很溫暖。

「至少說明她懂得尊重我的勞力。」小花說，不是看中那幾塊錢，而是透過這個小細節，能看出對方是一個可靠的人，懂得體諒她的付出。這和那些只知道讓她幫忙帶東西，而從來不懂得感謝的人比起來，值得信賴多了。

記得在網路上看過一篇說友情的文章，裡面有這樣一段話很有道理：「不是朋友會畫設計圖，你就可以理所當然認為裝修有保障；不是你朋友在國外，就應該為你跑遍整個城市只收你貼牌價；不是朋友沒有工作，你就可以使喚她。」

說到底，人和人之間，朋友也罷，同事也好，都不是理所當然的。

就這個話題，我請教了一位在知識付費領域做得不錯的朋友，他說，你試想一下，除了極為要好的朋友，你願意把你的經驗技巧分享給不付費的人嗎？

當然，也有人免費將經驗和技巧分享給大家，但那些大多是通用性的技巧，價值自然不會太高。

小怡的那個經歷說出來後，群組裡就有人提出來，但凡是對方願意付費的，準備的時候會更加認真。有償和無償，品質還是不同的。

作家石康曾經說過：「人們特別喜歡被那些表面低收費或免費的東西所吸引，我曾花了一年左右看有關商業模式的書，結果就是開始注意那些高收費的東西，雖然也搞砸過事情，但整體來講，我發現高收費的服務與商品往往物有所值。」

這一點，我也感同身受。

以前在沒有「在行」「問答」等這些知識付費的平台之前，我想深入瞭解某個領域的知識，途徑就是找到那些領域裡面的知名人士，讀他們的書，關注他們的個人網站等。

而透過這些途徑所獲取的知識，很多時候依然無法解答我心中的疑惑。

後來我藉由「在行」約見了秋水老師，還就寫作的問題在微博問答付費諮詢了秋葉老師，期間也透過微信請教了幾個行業裡面的前輩，收穫頗多。

最大感受就是，他們會依據你的實際情況，結合他們個人的經驗和專業知識，或給予你切實可行的建議，或給你啟發……

這些，如果你不想付費，只想免費或者低成本地獲得是不太可能的。

有人說，免費的東西，往往是最昂貴的。

因為除了錢之外，我們還要花時間、人際關係、心情等，綜合成本加起來，或許已經超過你要支付的費用。

就像在《你要為自己的未來花錢》說的這句話一樣：「這個世界上，一個好的、可以共用的資源或者思想，它必然是經歷了很多人的磨練，為別人的時間和精力還有知識成本付費，是一個現代人的基本操守。」

有一個做自媒體的朋友最近遇到了一個煩惱。身邊的朋友得知她寫文章很厲害，於是總有人請她幫忙寫品牌故事、演講稿等，為此，她製作了一個收費標準，有人請她幫忙，她就先把收費標準發給對方。

結果，身邊的有些朋友就說她太勢利了，大家是朋友，幫忙寫篇文章還收費，也太見外了。

當然，也有一些朋友願意支付費用給她。

起初她也很難受，慢慢就想明白了，這些人不願意付費，說明他們不認可她的付出，那她就不付出。

那些願意付費給她的朋友，她回報給他們的，是比朋友預期還要好的作品。

在這個過程中，她想明白了一個道理：不願意付費，只想把你當作免費勞動力的人，是不願意遵守「為別人的時間、精力和知識付費」這個基本操守的人。這樣的人，一定要遠離。

你的薪資，取決於你解決問題的能力

擅長解決問題的人容易被重用

職場上，容易被重用的人，有工作經驗豐富的，人脈關係廣的，也有很會與人溝通的，但他們都有一個共同點，那就是解決問題的能力都很強。

朋友一凡的公司是做軟體發展的，這兩年發展得很好，員工由最初的幾個人已發展到三十多人了。其中有個九〇後的男生讓我留下了很深刻的印象。

因為幾乎每次我到一凡辦公室聊天，都能碰到他被一凡喊到辦公室，有時候是安排緊急的事情，有時候是臨時性的事務。我曾好奇地問一凡，怎麼總是讓這位員工處理呢？

一凡說：「他解決問題的能力強啊！」

原來，在軟體行業，客戶用了產品之後，總是會出現各式各樣的回饋，其他員工不是對客戶態度不好，就是向公司抱怨產品不好，但這個男生永遠都能找到解決問題的方法，並且讓各方都很舒服。

所以他雖然只是客服部的一個客服專員，卻經常被老闆「御用」。上星期一凡公司的客服部經理離職，那個男生毫無疑問成了新一任的客服部經理。

其實，今天的職場氛圍比以往任何時候都要開放包容得多，大部分初創公司都沒有那麼嚴格的上下級管理機制。只要你解決問題的能力突出，就很容易像一凡公司的那位男生一樣被老闆發現並且重用。

碧水白露在〈從北大高材生被華為辭退中我們需要學到什麼〉說過這樣一段話：「新員工解決問題的過程，不僅提升了自身的能力，還會獲得主管的高度信任。當你解決的小問題多了，主管自然會交給你大事情。」

我覺得這不單單適合新員工，其實所有在職場中想要得到主管重視的人，都應該提高自己解決問題的能力。因為當你總是能夠解決問題，你才會成為一個讓主管放心的人，主管自然就會信任你，重用就是情理之中的事情了。

擅長解決問題的人不容易被淘汰

以前我追過一部韓劇《金祕書為何那樣》，感覺那部劇簡直就是一部生動的職場教科書啊。男主李英俊是財閥二世、「有名集團」的副會長，女主金祕書既當祕書又當司機。

劇情一開始，就是金祕書忽然提出離職，一向不可一世的副會長慌張了，表面上沒有提出質疑，回到家裡卻輾轉反側睡不著。為了挽留金祕書，他還一改往日的冷漠與霸道，不但給金祕書一次反悔的機會，還讓她升職做理事，答應找人幫她處理日常事務，甚至願意自費幫她添置房產，解決家裡的債務。

雖說後來兩人發現彼此愛慕對方，但副會長之所以極力挽留金祕書，有個很重要的原因，就是金祕書解決問題的能力很強，是副會長的左膀右臂。

當中有個情節是，為了超過競爭對手，副會長臨時決定UK集團儀式中心開館日期定在七月底，比預期提前了幾個月。所有人都有點手忙腳亂，其中就有人提出來，室外的一些作品無法準時完成。

金祕書的回答很精彩，她說：「直接運回來，在美術館完成最後的整理工作」。看似簡單的一句話，卻完美解決了這個問題。

類似這樣的情節很多，金祕書總是能夠及時幫副會長解決問題，所以當她提出辭職時，副會長想盡一切辦法要留下她，這樣的人，就更不會被淘汰了。

在這個焦慮無限大、問題無窮多的時代，能解決問題的人，很難被遺忘，更不容易被淘汰。創業家王世民在《思維力：高效的系統思維》中就曾說過：「在工作內容從以月為單位逐漸變成以小時為單位的快節奏中，對問題解決速度的要求也越來越高。思考能力低下，快速解決問題的能力不足的人，勢必會被這個高速運轉的社會拋棄。」

注意觀察就不難發現，每次被公司淘汰的那些人，往往都是解決問題能力很差的人。因此，如果想要在職場中不被淘汰，就要努力提升自己解決問題的能力。

在職場摸爬滾打了十年，踩過無數個坑，也摔倒過很多次，慢慢悟出了一個道理，那就是，其實工作中遇到的每一個問題，都是讓自己成長的機會。

因為在解決問題的過程中，你既要思考問題，又要制定方案，還要找準路徑，這本身是一個很好的學習機會，實力也會隨之成長。

就像一位社會學家說的那樣：「正是問題激發我們去學習，去實踐，去觀察。」

記得剛調職讓我負責媒體宣傳時，我根本不知道什麼是cpc1（Cost Per Click，即按點閱量收費）和cps2（Cost Per Sales，即按實際銷售量收費），主管讓我自己找答案，並且安排了任務給我，每天必須要搞定幾個合作平台。那時候我也不認識任何媒體，怎麼辦呢？打電話。

那段日子，我幾乎把排名前一萬名的網站全部聯絡了一遍。後來就連鳳凰網，都免費為我們提供了廣告測試。雖然我什麼都不懂，但是我很清楚，為了完成公司安排的任務，我必須解決自己沒有媒體資源的困難，當時找出來的方法就是透過電話行銷主動聯絡。

那段經歷，讓我具備了開拓新業務的能力。回憶我的職場生涯，每一次的解決問題都會讓我提升某一方面的能力，讓我變得越來越強大。

我特別喜歡讀史考特．派克的《心靈地圖》，在書中，關於解決問題，他也有自己的看法，他說，人生是一個面對問題並解決問題的過程。問題能啟發我們的智慧，激發我們的勇氣，問題是我們成功與失敗的分水嶺。為解決問題而付出努力，能使思想和心智不斷成熟。

所謂的成長，其實就是解決一個又一個問題的過程。

你解決問題的能力影響著你的人生

晚情在《做一個有風骨的女子》說過這樣一段話：「一個人生活得好不好，取決於獨立解決問題的能力。如果什麼事都要問別人，就算身邊高手環繞，智者輩出，人生依然會一塌糊塗。」

其實，職場如此，生活亦如此。畢竟現實中並不是每個人都是善良的、熱心的，我們需要不斷地提高自己解決問題的能力，減少不知所措、無能為力的狀態，才能過得更好。

就像李筱懿在《先謀生，再謀愛》中說的那樣：「你的痛苦從哪兒來？不過是你的能力解決不了眼下的問題。所以，擺脫痛苦最有效的辦法，不是逛街、看電影、做SPA，不是向我抱怨，也不是更新社群動態變相傾訴，而是專心去做能夠增強你能力的事情，直到本事大到足以解決目前的問題。」

當我們逐漸能夠駕馭艱難複雜的問題時，我們的人生也就到了一定的高度。

褚時健出生農民家庭，為官可做書記，被打成右派到農場改造可做到副廠長，去糖廠做廠長，換成菸廠依然可做廠長，哪怕鋃鐺入獄，保外就醫種個橙子都能種成全國瘋搶的褚橙。

當年的北大才子陸步軒，即使畢業後為生計所迫回鄉賣豬肉，依然與人聯手打造出銷量超過十億人民幣的頭號土豬品牌，開辦了全國屠夫學校，寫了本《屠夫看世界》的書。

他們把普通人看似是問題的事情，不但完美解決，還化成了助力自己的優勢。這些人之所以是強者，靠的不單單是學歷、經驗、家庭或財富，而是其解決問題的能力。

所以，想要過好這一生，那就努力提升自己解決問題的能力吧！

04

真正厲害的人，都很可靠

所謂可靠，就是事事有著落

前幾天工作室接了個文案的工作，我分配給其中一個文案寫手，並且交代了客戶的要求和交初稿的時間。

她在手機上表示收到，到了時間，我發訊息給她，讓她發初稿給我。

「對不起，我不會寫，沒有寫出來。」等了三十多分鐘後，她發了這樣一則訊息給我。

當時我的心情瞬間降到了零度以下，還好，距離交稿給客戶的時間還有三天，我也沒有時間和精力問她為什麼不會寫不提前告訴我。

因為，首要的任務是趕緊找另外的文案寫手完成。

而這個人，也被我認為是不可靠的人，從此被打入「冷宮」，基本上是不會有合作了。

像我們經常寫文案的，有時候難免沒有靈感、沒有好的切入點，這都是可以理解的，但不能接受的是，你在發現自己可能會寫不出來的時候，應該第一時間和當事人溝通，而不是臨到最後時刻，才說出自己的困難。

在工作和生活中，「可靠」是一個人最重要的品性，而所謂可靠，最直接的表現就是「事事有著落」，也就是這個人是否有責任感。

具體來說，當一個人去做一件事，在一定時間內，不管完成度如何，都要認真地回饋給發起人，告知對方自己目前做事的進度和狀態，哪怕是像我和我合作的那位寫手一樣，工作遇到了困難，也要第一時間告知，這樣就不至於耽誤發起人的工作。

而一個人如果不懂得「事事有著落」，往往會不受歡迎，甚至會失去一些機會。

電視劇《都挺好》一開頭，就是在美國的大哥蘇明哲接到了媽媽去世的消息，瞬間傷心難過，立刻就買了機票回國。

當時他老婆吳非提醒他，他們已經約了明哲的主管大衛一起度假，還提出自己可以代他先回國，但蘇明哲堅決要自己回去。

當時我留意到，他並沒有主動打電話向主管解釋，而是讓老婆代勞。

雖然事發突然，但從主管大衛的角度來講，蘇明哲就是一個沒有責任感的員工，約了大衛，自己計畫臨時有變，應該主動打電話跟大衛溝通，並且要在徵得對方認可的前提下，再做安排。

所以大衛沒聽吳非的解釋，就直接掛了電話，後來他被辭退了，不能說這個事情是唯一的原因，但至少是其中一個導火線。

所以，做事沒有責任感，會被認為不可靠，一個不可靠的人，是很難在工作上有所建樹的。

在職場這些年的工作經驗，讓我意識到，其實很多失誤，都是因為沒有做到事事有回音造成的。

有個自己創業的朋友在聊天時提到，最頭疼的一種員工，就是悄無聲息地把事情搞砸了的人。

她說，有次年會，公司請了一個前輩來和大家分享行業趨勢，所以公司決定不用酒店的音響設備，從外面租賃品質高一點的。

當時有個員工主動說有朋友在做租賃音響，並承諾能拿到比較優惠的價格，年會負責人當下就把這個任務分配給了他。

誰知道，在彩排當天，那位員工告訴年會負責人，他朋友不做了，他也不瞭解這個行業，所以沒有找到能夠租賃音響的人。

當時所有人都被氣炸了，音響效果對於年會來說是非常重要的。

還好後來朋友動用關係，緊急借調到了音響，年會順利舉行。

但那個員工讓所有人都留下了一個辦事不可靠的印象，後來在工作中又犯了幾次錯誤，她就直接把他辭退了。

一個成熟的職場人士，會在接受任務時，確認好任務的關鍵以及需求，而且會提前考慮做事情的先後順序，甚至會預測過程中會遇到什麼問題、有哪些注意事項……

也就是說，在做事之前，就要先進行一輪閉環思考，並且要將自己的這些思考，告知相關人員。

過程中如果實在有障礙無法按時完成，也需要及時溝通，並提出具體的解決方案，千萬不要自己製造了困難，光等別人來解決。

當然了，事情完成之後，也一定要主動告知相關人員你的完成情況，如果能附上你的自我體會和對經驗改進的總結就更完美了。

也就是說，擁有閉環思維，不是說你一定要把每件事情都做得很完美，而是說，你懂得和團隊合作，是個可靠的人，你擁有完成任務的能力。

一個可靠的人，你交代的事他一定會放在心上，盡心盡力，並隨時回饋，即使出了問題，也能及時補救。

那麼，到底什麼是閉環思維呢？

具體來說，就是指他人發起的活動或工作，在一定時間內，不管執行者的完成效果如何，都要認真地反饋給發起人，並且每件事情或者工作都要貫穿這一思維。

閉環的理論根據是「PDCA循環」，由美國品質管制專家休哈特博士提出，包括計劃、執行、檢查和行動四個過程。

在我們日常的工作和生活中，做到以下三點，就可以做到事事有回音，成為一個可靠的人。

第一，事前做周密的規劃。

這一點是最重要的，在我們開始做一件事情之前，一定要做好周密的計劃，盡量確保能夠保證品質地完成工作。

第二，事中要及時回饋進度。

事情一旦開始做，就要及時向相關人員回饋進度，我以前在公司負責專案管理，我們每個專案每天都會把專案進度表發給對應的工作組，讓所有人都知曉專案進度。

這樣做的好處就是，一旦中途出現了任何變故，大家還能來得及做應急處理。

第三，事畢要及時回顧和檢視。

不管是工作還是生活，事情結束後，回顧檢視是非常有必要的，可以把好的經驗總結出來，可以分享給更多的人用，做得不好的地方記錄下來，下一次注意。

總之，想要成為一個可靠的人，一定要記得要有閉環思維，做到事事有回音。

與聰明的人聊天，與可靠的人共事

劉總是我很敬重的一個前輩，這些年無論他換到了哪一個領域，我們都會保持交流，但他有一個做法，我始終無法理解。

那就是他到哪裡工作，助理都是阿華——一個看上去有些笨笨的男孩子，而且也不是他的什麼親戚，就是他的一個助理。

有次和阿華對接一個工作，溝通了好久他都無法理解我的意思，我就向劉總抱怨為什麼不換個稍微聰明點的助理呢？

「阿華雖然悟性差點，但為人處事極為可靠。」劉總說。

他舉了一個例子，說公司將一個軟體發展外包給了一家科技公司，結果中途專案進度有點延誤，他很擔心，就叮囑阿華盯緊點。

誰知道，阿華直接就到對方公司去辦公了，每天和專案團隊一起上下班，天天都向他同步進度，最後專案不但沒有延期，還提前了一個星期。

他說，只要他交代阿華負責的事情，幾乎每一件他都能做得非常好。

他還告訴我，之前也找過幾個很聰明的助理，為人善解人意，和他很聊得來，和客戶相處得也非常好，但大多做事都不可靠。要麼就是答應了做不到，要麼就是工作品質差強人意。

後來他想明白了，這一類人大多擅長察言觀色，懂得拿捏一個人的心理需求，所以你會很喜歡和他們相處，但交代的事情能不能做到往往不是他們關注的。

和可靠的人一起共事，彼此之間才有安全感，你知道把事情交給他，他一定會盡全力做好，哪怕悟性差點、能力弱點，但絕對不會敷衍你。

劉總認為，其實聰明和可靠無關乎能力，而是取決一個人的人品。

聰明的人難免會耍點小聰明，不那麼講信用，不見得那麼誠實，而可靠的人，一定是人品很好的人，誠實，並且值得信任。

所以劉總說，聰明的人一起聊聊天可以，共事還是要選擇可靠的人。

其實這點我也深以為然，在我做管理的這幾年，聰明人遇到了不少，和聰明人相處你會很舒服，但總覺得不安全，真正最終願意一起走下去的，都是那些做事情可靠的人，和他們共事，你會覺得很踏實，很安全。

所以，和聰明的人聊天，與可靠的人共事。

昨天和做投資的王姐聊天，她說，自己這些年投了不少專案，最深刻的體驗就是投資是投人而不是投專案。

投人就是要投那些可靠的人。

「一個可靠的人，做的專案通常都差不到哪裡去。」王姐笑著說，畢竟投資專案還是希望能夠賺錢的。

她說，剛開始做投資的時候，總是被一些能說會道的創業者吸引，那些看起來木訥的人入不了她的眼。

後來慢慢發現，那些看起來不那麼聰明的人，懂的一點都不比聰明的人少，如今的時代資訊發達，資訊的獲取速度遠超過以往，只要有心，到處都能獲取到知識。

但人品有時候不是你短期內就能學習到的，能力可以培養，人品反而不太好改變。

自己創業的朋友衣衣也有同樣的觀點，她說，在自己創業的這三年裡，最後留下來她和一起奮鬥的，都是那些看上去不那麼聰明，但很可靠的人。

「三年裡，他們的能力進步得也很快。」衣衣說，有幾個員工剛開始能力都挺弱的，她就是看上了他們的可靠。

畢竟剛創業，無法為員工提供更好的薪資和福利，那些聰明人也不願意加入。

這三年，公司發展得越來越好，那些留在公司的可靠的人，都升職加薪了，而那些離開公司的聰明人，大部分混得也都一般。

她總結說，人太聰明，難免想走捷徑，卻忘記了提升自我的能力，所以只能一時得到重用，一旦公司發現其徒有其表，自然就會被淘汰。

但可靠的人，只要你為他指明方向，對方就會全力以赴，這其中包括提升自我能力這件事情。

所以，在她看來，在當前這個社會，遇到可靠的這種人是求之不得的寶貴資源，一旦遇到了，就要加倍珍惜。

前陣子慧敏邀請我和她一起開線下課程，而其實我和她認識的時間很短，一起聊天都不超過一個小時。

我問她，為什麼會選擇和我合作？

她說，感覺你滿可靠的。

其實這幾年來，我一直都覺得自己運氣不錯，一個沒有任何背景、資源、資質平平的鄉下女孩，隻身一人來到深圳，無論是之前在職場，還是如今做自由工作者，都遇到了很多貴人的幫助，才造就了今天的我。

而所有幫助、跟隨和提攜過我的人，他們都認為，我相當可靠。

所以，成為一個可靠的人，短期看起來，沒有聰明人那麼討人喜歡，但長遠來看，可靠的人，更容易得到機會。

可靠的人，一心只想著把事情做好，為了做好事情，自然會不斷提升自我，而一個有能力又可靠的人，戰鬥力是要遠超過一個聰明人的。

當然了，聰明人也有其優勢，比如會在短期內容易獲得別人的好感和信任，所以很多公司一些職位，也是需要一些聰明人的。

如果這個聰明人人品沒有太大的問題，其實也可以發展得很好。

朋友圓圓就是這樣一個人，她很聰明，陪人聊天喝酒都是一把好手，就是能力稍微弱點，做事也很拖拉。

目前在一家公司做商務拓展，因為他們的業務需要經常陪客戶，所以就很適合她，業務談定之後，會有其他部門接手，所以不擔心她服務不好客戶。

所以，任何事情都沒有絕對之說，聰明人有其優勢，可靠的人也有優勢，選擇和什麼樣的人共事，其實也是因人而異。

所謂人以群分，物以類聚，仔細留意你就會發現，一個可靠的人身邊的朋友都是可靠的人。而一個不可靠的人，圍繞在他身邊的人，也大多不可靠。

所以，想要認識更多可靠的人，你首先得成為一個可靠的人，最終你會篩選掉那些不可靠的人，可靠的人會留在你的身邊。

和可靠的人一起共事，彼此之間相互信任和支持，所有智慧疊加在一起，一定是一加一大於二的好結局。

朋友都是始於五官，止於三觀

小Y是我在深圳為數不多的幾個朋友之一，週末經常一起逛公園、逛街。

後來彼此結婚後，見面就沒有那麼頻繁了，但偶爾通電話、傳訊息，依然覺得很親切。

前幾天在社交平台上聊了聊近況，她知道我現在做自由撰稿人，可以靈活安排自己的時間，就很羨慕。

聊天的過程中，我發現她對於目標管理、時間管理都很不擅長，所以我就告訴她近期我付費報名了幾個班，感覺很有收穫，推薦她也去學習其中一個課程。

我還正要繼續和她說，一個線下的課程也不錯，建議她和我一起去。

結果，她發來了這樣一則訊息：那些課程都是騙錢的，根本沒什麼用。

當時我心裡就咯噔一下，感覺很意外，但我還是繼續和她說，網路上有些課程確實有些浮誇。但是我報名的這些，都是經過篩選的，而且我自己已經上過課了，確實很有收穫。

在我看來，為學習新的知識付費是很正常的，也非常有必要。

「推薦我上這些課，你能拿多少分紅啊？」小Y並沒有呼應我勸說她的那些話，而是忽然甩過來這樣一句。

她又說了一堆看書同樣能學習到知識啊，網路上類似免費的課程也很多……

本想繼續和她聊聊我的想法，但是看著手機螢幕上這些冷冰冰的文字，我忽然沒有和她繼續聊下去的欲望了，就以要陪女兒為由結束了這次聊天。

然後我默默地取消了她帳號的「置頂聊天」。

獨立寫手盧思浩說的這段話形容我當時的心情是非常貼切的：

三觀不同，一句話都嫌多。我想，人和人之間一定存在磁場這回事，沿著三觀向外輻射。有人說了千句還是拉不近距離，有人坐在對面不說話也不尷尬，你一個眼神，他大概就懂了。頻率相似的人順其自然就會聚在一起，磁場不合的人講幾句話也在翻山越嶺，你始終到不了。

也就是說，人和人的關係，開始可能會受到五官的影響，但到最後，三觀才是人和人之間最遠的距離，三觀不同，哪怕近在咫尺，也依然拉不近心靈的距離。

就像我和小Y，那次對話之後，雖然我們依然生活在同一個城市，但在我的心裡，她卻遠在千里之外。

小香是我們公認的大美女，身邊的追求者從來沒有低於個位數的。

但是她最終卻選擇了我們都不看好的小劉——一個圖書館的管理員，看上去他永遠都是悶悶的，和活潑好動的小香完全是兩個世界的人。

小香喜歡唱歌、跳舞，還喜歡話劇，據說大部分薪水都貢獻給明星演唱會和劇場了。

而小劉對這些貌似都沒興趣，最喜歡的事情就是安靜地看書。

在一次聚會上，有人開玩笑問小劉是怎麼搞定小香這個大美女的。

沒想到一向木訥的小劉說了很長一段話，讓在場的人都刮目相看，具體內容我記不太清楚了。

大體是說，雖然他不喜歡唱歌跳舞，小香也不喜歡看書，而且他也沒有顏值。

但是他們都認為生活應該是多姿多采的，每個人都應該在工作之餘有自己的愛好，就是說他們的觀念是一致的。

所以儘管每個週末他們大部分時候是各忙各的，但是他們的心是在一起的，他們覺得彼此距離很近。

這讓我想起了張皓宸在《我與世界只差一個你》中說的那段話：

「遇到一個喜歡的人其實不難，多少愛情都開始於喜歡，結束於瞭解，後來明白，所謂合適的人，沒有定論。」

大概是想法觀念相似，興趣可以不同，但絕不干涉對方，有話聊，相處和獨處一樣自然。

雖然說每一個人都是獨特的個體，觀念很難一模一樣，不盡相同，但至少想法觀念要相近，才會覺得彼此心靠得很近。

那麼，哪怕一個人在劇場，一個人在圖書館，也不會覺得彼此遙遠。

有人說，想法觀念不合不能做朋友。

因為思想、經歷、感官全都不一樣，就比如我說大海很漂亮，你卻說淹死過很多人。

其實在我看來，想法觀念不一致的兩個人，不僅不適合做朋友，也不適合成為戀人、夫妻。

因為想法觀念不同的兩個人，哪怕彼此相擁，心靈之間也是豎著一堵無法逾越的高牆，反而彼此距離十萬八千里。

在《李宮俊的詩》有這樣一句話我覺得很有道理：「三觀不同，不相為謀。」

確實，人的一輩子很長，越往前走，我們身邊留下的，路上遇到的，就越是觀念契合、志同道合的人。

而那些想法觀念不同的人，在分岔路口就已經因為與我們道不同而彼此選擇了不同的方向。就像我和小Y，雖然曾經我們為彼此帶來了很多的快樂，但是當我開始重新重視自我成長，願意付費學習時，她依然固守「網路上的課程都是騙人的」的理念，並且還質疑我勸她學習是為了拿分紅，我們之間就註定了會越走越遠。

畢竟觀念不同，不是簡簡單單對於一些事情的看法和觀點不一樣。而是遇到事情的想法方向和反應都不同，進而造成彼此選擇的人生方向也不同。

而小劉和小香之間因為想法觀念相同，儘管彼此興趣不同而不得不週末分開度過，但他們的心是距離很近的。

遠遠好過那些想法觀念不同而硬湊在一起的朋友、夫妻和情侶們，他們雖然看上去距離很近，實則彼此距離很遠。

一位網友說的這段話我覺得很有道理：

「人和人之間想要保持長久舒適的關係，靠的是共性和吸引。而不是壓迫、捆綁、奉承、一味地付出以及道德式的自我感動。」

而共性和吸引的基礎不是五官，而是要有相同的三觀（價值觀、人生觀、世界觀）。

三觀相同，哪怕在物理距離上隔著千山萬水，彼此之間的心靈距離是很近的。

三觀不同，哪怕彼此近在咫尺，心靈上的距離也是非常遙遠的。

所以，人和人之間最遙遠的距離，不是地理上的你在南極我在北極，不是外表醜和美，而是三觀不同。

你是什麼樣的人，就會遇到什麼樣的人

之前網路上有這樣一個新聞故事：重慶的徐先生經營一家休閒山莊，最近承辦了一對新人的結婚喜宴。

然而喜宴結束到了最後結帳，發現新郎、新娘一溜煙跑了！

據徐先生說，這對新人先是交了人民幣五百元訂金，而全部喜宴費用是人民幣一萬三千元，喜宴結束後，新郎說要送前面的一批長輩先走，讓父親最後走，他會回來接父親、結帳，結果一個多禮拜過去了，徐先生多次聯絡仍然無人出面，無奈只能報警。

徐先生說，自己做了二十年餐飲了，頭一次碰到這種現象。

徐先生報警後，警方聯絡上了新人，他們表示過幾天會來結算，但隨後兩人電話就再也無法聯絡上了。

至於徐先生這一筆錢能不能收回來，我們誰也不知道，但這對夫妻的做法卻引人深思。

男人做事不合情理，女人居然也是默許的，而且，還有可能女人就是「共犯」，要不然丈夫做事這麼沒有道德，妻子怎麼能無動於衷？

很多網友都感慨，這對夫妻的觀念真的是太一致了，現場演繹了「不是一家人不進一家門」。

這對夫妻的故事，讓我想起劉同在《誰的青春不迷茫》說過的一段話：「你是什麼樣的人，就會遇見什麼樣的人。你的朋友是什麼樣的人，你就會成為什麼樣的人。你的另一半是什麼樣的人，你就會過什麼樣的人生。」

所謂「人以群分，物以類聚」也是說明了這個道理，因為人都是喜歡用舒服的方式生活，當你和不同的人交流，彼此觀點不同會讓你不舒服，所以你就會放棄繼續和他交流，久而久之周圍剩下的就是和你相似的人了。

所以，你是什麼樣子的人，今生你就會遇到什麼樣子的人！

無論是另一半、朋友還是你的老闆，其實都是你自己吸引過來的。

留意身邊的朋友就不難發現，大部分戀人都有「夫妻相」，這不單是說長相，而是兩個人的性格脾性以及想法觀念都非常相似，身分地位也是旗鼓相當的。

電視劇《歡樂頌》中的安迪，自帶氣場，她吸引到的男人都是老譚、奇點、小包總這樣的菁英男，而邱瑩瑩遇到的就是白渣男，好不容易遇到一個真心待他的應勤，卻又因為自己不是處女而被嫌棄。

而新聞中的那對「落跑新人」，也是彼此吸引的。

同樣的，你是什麼樣的人，你就會擁有什麼樣的朋友。

每個人都有自己的交友圈，美國傑出的商業哲學家曾經提出著名的密友五次元理論，就是與你親密交往的五個朋友，你的財富和智慧就是他們的平均值。

於是也有人說，親密好友的平均水準，往往代表了你的水準，這點我感同身受。

畢業剛入職場的時候，我和幾十個人合租，每天打交道的都是在飯店、美髮店工作的人，當時室友裡面最有教育程度的就是在出版社櫃台的一個小妹。

而那時的我，初來深圳，每月薪水剛好夠花，也只能和他們一起逛街，隨著我在職場的不斷提升，慢慢地，我搬出去租了小套房，朋友的圈子也開始變了。

其實，當你開始提升，你會發現，你身邊的朋友也都是和你水準相當的人。

而且，經常被你抱怨的老闆，其實也是你自己吸引來的。

我們大部分人，都是在公司上班，跟著老闆混飯吃，而其實，你是什麼樣的人，就註定了你會遇到什麼樣的老闆。

電視劇《歡樂頌》中安迪和老闆譚宗明的關係，除了朋友，還是上下級。

劇中，只要是安迪的事情，譚宗明必全力以赴，面對老譚，安迪從不設防。

但有個情節我記得很清楚，那就是每當安迪對譚宗明表示感謝，老譚總是說：「我們之間，永遠用不到這個字。我幫你也是為了你能更安心工作，為我創造更大價值。」

雖說帶點調侃的意思，但其實卻說出了一個「真理」，職場上，你能為老闆創造多大的價值，決定了老闆如何待你。

安迪遇到了老譚不是她命好，是自身足夠強大足夠優秀。

由此來看，你優秀，就會吸引到優秀的另外一半、朋友和老闆，你普通，自然遇到的他們也就如你一樣，而你連婚禮的帳單都是逃，你的另一半定會是你的盟友。

那麼，為什麼會出現這種現象呢？

其實，在心理學上有個吸引定律又稱「吸引力法則」，指思想集中在某一領域的時候，跟這個領域相關的人、事、物就會被他吸引而來。

用在人際關係上，就是人傾向於跟自己的同類待在一起。

也就是說，你用自己的靈魂吸引到的另一半、朋友、老闆，這些人身上都會有你的一些影子，你們之間是有共性的，正是由於這個原因，你才能把大家都吸引過來。

這樣來看，那對落跑的新婚夫妻應該都有愛占小便宜、不守信用等這樣的特質，而安迪和老譚都是對自己有要求的人，邱瑩瑩自己就活得稀裡糊塗沒有主見，遇見白渣男也就不難理解了。

一切的果都是自己的因導致的。

盧思浩在《願有人陪你顛沛流離》當中說過：「所謂的共鳴是建立在你們的某些觀念在某種程度上是相似的基礎上的，你是什麼樣的人，就會喜歡什麼樣的東西，遇到什麼樣的人，被什麼樣的東西感動。」

事實也是如此，你身邊的人都是因你而來的。

越來越多的人認可圈子很重要，於是在各行各樣都有一些人開始專業「混圈子」，殊不知，這反而是本末倒置了。

提升圈子的品質，不是說你要用砸重金、媚好、拍馬屁的方式去追求，而是要努力修練，建立自我價值，讓自己發出光芒，自然而然地，衍生一個高品質的圈子。

以前聽過的一個買碗故事，就恰好闡述了這個道理：

有個人去買碗，因為有位老者教給了他一個挑碗的技巧：就是當兩只碗碰在一起發出悅耳清脆的聲響，那便證明是只好碗。

於是，他一到店裡就拿起一只碗與其他的碗相碰撞，無奈試了很多碗，聲音都不夠好聽，所以準備放棄買碗，當店家得知這個情況後，幫他換了一只碗，神奇的是，這只新換的碗敲別的碗，聲音都是很悅耳的。

店家最後告訴那個人，你拿一個次級品去試，再好的碗也發不出悅耳之聲。而想找到好碗，你手裡那只也須是個上等品。

這個故事其實就是告訴我們，你是什麼樣的人，就容易遇到什麼樣的人，你想要遇到更厲害的人，首先你得讓自己變成厲害的人。

關於這點，我喜歡毛羽立的說法：「『你和什麼樣的人同行，就會成為什麼樣的人』，這是隨波逐流者的託詞，別讓它成為你的命運。我只知道『你是什麼樣的人，就能和什麼樣的人同行』。」

所謂你若盛開，清風自來；你若精彩，天自安排。

你問的問題，暴露了你的認知層次

專案組最近忙著準備一份投標書，團隊每個人都領了任務。

下午，負責畫圖的同事問我，說專案經理提供的一張圖不清楚，怎麼辦？

我問他：「你說怎麼辦？」

他想了一下，回答說：「我去找專案經理要原圖。」

其實，他問了我一個非常低階的問題，因為這個問題的答案他稍微動動腦，就能自己找到。

看著他離開的背影，我想起了另外一個小故事。

有位文友，在網路上問我，十分鐘的演講，要準備多少字的文字稿？

他週末要參加一個公開演講，以前沒有這樣的經驗。

當時我恰好有空，本來想回覆他的，一看問題，直接假裝沒有看見這則訊息。

因為這其實是一個很愚蠢的問題，回答這種問題簡直就是浪費我的時間，這個問題的答案，他完全可以自己找到，比如上網搜尋一下。

我想很多人都會有類似的經歷，就是會問一些原本透過自己的努力就能找到答案的問題。

知識管理專家蕭秋水老師在個人平台裡有篇短文〈提問力〉，特地分析了這個現象，她說她每天都會接觸到大量的提問，其中好的提問很少，大部分提問，一看就會感覺是因為懶、不願意思考、不做任何功課開口就問的。

其實，每一個問題的背後，都隱藏著一個人的認知。

像那位同事和文友問的問題，是屬於很膚淺的，就說明當下他們的認知能力相當低，更有人問出一些零碎的、詞不達意的問題，說明其認知能力更低。

而一個人問的問題，如果有深度、有系統，甚至能給予人啟發，也就說明了其知識水準和認知能力很高。

網路上有句話我覺得說得很有道理：「問的問題越好，認知層次就越高，問的問題越瞎，認知層次就越低。」

也就是說，你的問題內容品質，會暴露你的認知層次。

說到提問，就想起我自己曾經在網路上問過新媒體人秋葉大叔一個關於寫作的問題。具體內容是問秋葉大叔如何看待越來越多的人開始寫作？順便也諮詢作為一個初學寫作者，該如何度過一開始沒有什麼閱讀量的時期？

秋葉大叔回答了幾千字，當時這則問答還為我帶來了一些收益，最後秋葉大叔還把這篇問答更新在了自己的個人平台。他認為，這個問題有一些普遍性，他的回答可以給更多人啟發和幫助。

其實，在問這個問題之前，我已經實踐了一段時間，並且也看了很多相關的書籍，這個問題，的確是在我不斷反思和探究之後，心中依然不解的部分。

日本企業高階管理者教練粟津恭一郎在《學會提問：實踐篇》這本書中說，提問的差距造成了人生的差距。

究其根本，是因為提問背後是人的認知，而人的認知層次不同，自然就會過不一樣的人生。認知層次低的人，往往會過於執著於一念，急功近利，只想做伸手牌，想要別人幫助解決自己的問題，這樣的人，不會有太大的成就。

而認知水準高的人，懂得轉換思維、放大格局、開闊視野，問的問題都是經過自己的實踐和思考後提煉出來的，自然也會擁有更精彩的人生。

電視劇《歡樂頌》中，邱瑩瑩和關關都很喜歡問安迪問題。

兩人也都曾因為愛情，請教過安迪。

我記得，邱瑩瑩只會哭著問安迪：「我該怎麼辦？」

而關關，則會問安迪：「真的要將就一份愛情嗎？」

大家都知道，邱瑩瑩是典型的傻白甜，傷心難過的時候讀的是心靈雞湯，而關關喜歡古典音樂，善於思考。

兩個人最後的歸宿也完全不同，邱瑩瑩選擇原諒了膽小懦弱的應勤，兩個人或許會很幸福，但她的人生很難有大的成就。

而關關雖然深愛著謝童，但沒有辦法捨棄她在上海的朋友、家人和事業，選擇了等待謝童歸來。

無法評判兩個人的選擇孰好孰壞，但兩人的差距是很明顯的，這都是對人生的認知不同造成的。

古典老師的《躍遷》中，提到過一個觀點，就是在當今社會，獲取答案的途徑很多，關鍵是你得提出一個好問題。

愛因斯坦也說過：「提出一個問題比解決一個問題更重要。」一個好問題之所以重要，是因為其背後隱藏著一個人的認知。

有個自媒體大咖在一篇文章中曾提到過，說他寫過一篇關於微信公眾號悄然崛起的文章，認知層次高的人已經提前布局，而認知層次低的人，則會留言問他如何註冊、在哪裡打開某些功能等問題。

著名的「選擇性注意力實驗」曾得出這樣的結論：我們的大腦具有這樣一種性質，將意識投向某種事物時，其他資訊就會難以進入。

也就是說，某種程度上，人的意識是可以被問的問題控制的。一個好的問題，可以讓人有種「恍然大悟」的感覺並且願意自發行動。

這點在心理諮商和教練技術中用得非常多。

有個做心理諮商的朋友告訴我，在諮商中，他們通常不會向個案提供方法和建議，而是透過不停地發問，讓個案自己去發現、去領悟。

因為當人們面對好的問題時，會竭力尋找答案。

有專家說過，如果一個人能夠透過現象抓住問題的本質，提出問題並且能夠探索解決問題的各種可能性，這樣的人，認知層次一般都很高。

這點是我在看柴靜的《穹頂之下》時頓悟的。

還記得當初我是一口氣看完的，除了內容本身，更觸動我的是柴靜面對霧霾現象，能提出有創造性、有價值和有新發現的問題，而且，她還能帶領團隊，用自己方式呼籲更多人重視這個問題。

這都是源於柴靜較高的認知。

那麼，既然問題這麼重要，我們如何才能提出有深度和有價值的問題呢？

我覺得，在提問之前，至少做好以下的準備：

首先要端正心態，沒有人有義務必須要回答你的問題，不一定是你的問題不好，也不一定是對方的程度不夠，說不定只是他不想回答。

要先做好這樣的心理準備，就不會試圖用所謂道德去綁架別人。

提出問題後，先盡量自己透過書本查詢、網路搜尋，能自己找到答案的，就不要去問別人了。

如果實在搜尋不到你想要的答案，那就靜下心來，運用自己已有的知識和認知，仔細思考，說不定你會有新的思路。

提問題是一門藝術，如果你提問方式不對，或者問了個太蠢的問題，可能根本就沒人願意理你。

而且，問題的好壞也直接影響著你能不能得到自己想要的答案。最重要的是，你問的每個問題，都會暴露你的認知。

一個認知水準低的人，往往存在認知局限和認知盲區，缺乏自我覺察能力和反省能力，自然提出的問題也不會有太大的價值。

而一個認知水準高的人，有著系統性的思維，思考有邏輯、有層次，自然會問出優質的問題。

那麼，你問的問題屬於哪一類？

真正有教養的人，不會讓人難堪

週末帶女兒去看了一個兒童走秀，就是那種在商場空地上臨時搭的伸展台，表演的孩子來自各個培訓學校。

輪到一個小女孩上台的時候，她忽然不敢上了，表現得很驚恐，不斷地往後退縮，陪她來的，應該是奶奶。

奶奶不停地鼓勵小女孩，最後奶奶牽著小女孩的手走上了伸展台，當我正為這個奶奶感動時，主持人忽然用麥克風說：「這位家長，這個表演只能讓孩子獨自表演，家長不允許參與。」

老人和孩子都震住了，老人的表情明顯很尷尬，下去也不是，繼續走也不是，還好有工作人員反應過來，立刻說，奶奶和孫女一起走完也很棒，所以主辦單位為他們破例。

本就不是很正式的比賽，而且老人也是為了鼓勵孫女想出來的辦法，那個主持人在讓老人下台時，就完全不考慮老人的感受，讓老人和孩子甚至現場的觀眾都覺得很尷尬。

有人說，教養的最高境界是讓人舒服，而教養最直接的體現，便是不讓人難堪！

易中天在《開講啦》節目裡，有位大四男生對他提出質疑，並且口出惡語，大意是說易中天沒事就上節目，肯定是為了刷存在感，而且吐槽他寫《易中天中華史》，把易中天三個字寫在中華史前面，也是刷存在感的表現。

坦白說，當時我聽著那個男孩子說話都忍不住發火，還真擔心易中天現場發飆。畢竟這已經涉及對人不敬了，就算易中天當場教訓一下那個男孩子，網友們也一定會覺得他做得對。

令人意外的是，易中天不但沒有發火，反而不急不慢地說了一段話，讓現場所有人包括那個男孩子，都頻頻點頭。具體說的內容其實不重要，重要的是，他並沒有因為那個孩子理虧而現場讓他難堪，而是用他獨特的方式，既為自己解了圍，也避免了現場所有人的尷尬。

試想一下，如果易中天老師也像那位主持人一樣，在節目現場拍案而起，怒斥節目組邀請的都是什麼水準的觀眾，主持人、現場觀眾以及那個男孩子的尷尬可想而知。

有位名人說：「教養不過就兩句話，不讓別人難堪，不讓自己尷尬。」而很多時候，讓別人難堪，自己也難免會尷尬，就像發生了負面新聞的藝人薛之謙，他依然要重新回來面對觀眾做解釋，無論解釋的內容是什麼，其實他也難以避免尷尬。

所以，不讓別人難堪，也就是不讓自己尷尬，是一種有教養的表現。

有一次我們請客戶吃飯，是在一家高檔的粵菜館，每道菜都配了公用筷，現在越來越多的高檔餐廳都是這樣的，一起吃飯的有個女孩子，應該是剛畢業不久，她每次都用自己的筷子夾菜，我暗示了好幾次，她都無動於衷。

客戶的總經理是個直性子的中年女人，工作中從來不給任何人面子，有問題就會直接指出來，所以我真擔心她會當面指責那個女孩子，所以吃飯過程中始終替她捏著一把汗。

怕什麼來什麼，果然客戶的總經理發現了女孩子一直沒有使用公筷，讓我意外的是，她並沒有像我想像中的那樣當面發火指責那個女孩子，而是當菜轉到女孩子面前時，很自然地用公筷替女孩子夾菜，重複了好幾次，女孩子意識到自己之前的做法是不對的了，立即改用公筷夾菜。

那一瞬間，我和那位總經理的眼神碰到了一起，彼此會心一笑，她的形象在我的心裡瞬間高大了很多。在我看來，這就是教養的力量，不動聲色地替人解圍，避免了當事人的尷尬。

蔣勳在《蔣勳說紅樓夢》中說過這樣一段話：「一個求你的人處在難堪的狀況，有教養的人絕對不能讓人家難堪，幾句話可以看到他對人的厚道。」

且不說求你的人，就是一個和自己無關的人，有教養的人也絕對不會讓對方太難堪，就比如面對飯桌上那個沒有用公筷夾菜的女孩子，現場那麼多人，一定也會有人發現，但是大家都選擇了沉默，而不是當面讓女孩子難堪。

王小毛在《我從不感謝傷害過我的人》中說過這樣一段話：「不讓人難堪是一種很珍貴的品質，它代表了一個人的教養，自然要對應等價值的教養，絕不能把它浪費在沒有教養的人身上。」

其實，從古人開始，就已經很注重一個人的教養了，就像我們熟悉的曾國藩。據說他手下有一員大將，叫鮑超，帶領著霆字營，是當時湘軍當中戰鬥力非常強的一員猛將。有一次曾國藩過生日，鮑超為曾國藩帶來了十六大包的禮物，曾國藩一看，帶的東西還真不少，就讓鮑超打開看看都有什麼好東西。打開一看，金銀細軟、古玩字畫等一大堆。

按照曾國藩的行事風格，肯定應該全部拒收，這樣做自然就會讓鮑超尷尬，曾國藩最後說：「我也不能全不收，我只收一樣，但是你讓我自己挑好不好？」最後他挑中了一頂繡花小帽，然後將鮑超剩下的禮物送出營。

不得不佩服曾國藩的做法，不動聲色地就拒收了禮物，而且還沒有讓部下難堪。

也有人說，人活著幹嘛要那麼累？想說什麼就說什麼，直接點不好嗎？

因為生活不是江湖，不讓人難堪的教養，比直來直往的真性情更有利於我們和人相處。

想要成為一個有教養的人，就先學會不讓別人難堪吧！

盡量不占用別人的時間，是必備的教養

時間對每個人來說，是最值錢的，因為一天就二十四個小時，做了這件事，就無法做另外一件事。所以，盡量不占用別人的時間，是一個人必備的教養了。

前陣子，朋友帶我去拜訪一個前輩，為了確保不遲到，我們提前半個小時就到了。上了電梯，我就想直奔前輩辦公室，朋友阻攔了我，建議我們在公共區域休息，到了約定時間再進去。

「到都到了，為什麼不進去？我們還可以多和他溝通一下。」我對朋友的決定不是很理解。

朋友說：「前輩很忙，這半個小時他或許會有其他的安排，我們進去了，等於是占用了他的時間，這是沒有教養的表現。」

坦白說，這是我第一次聽說占用別人的時間，是沒有教養的表現。仔細想想，其實朋友說的不無道理。

魯迅就曾經說過：時間就是生命。無端空耗別人的時間，無異於謀財害命。

過多占用別人的時間，雖然不至於謀財害命，但確實給別人的生活帶來了很多不便。就像之前如果我提前進入到前輩的辦公室，可能就會耽誤前輩處理其他工作的時間，的確是沒有教養的表現。

一般提到所謂教養，大家常會想到對身邊的人友好、待人接物有禮貌、遵守公共秩序等。可以說，教養表現在方方面面，每個人的看法各有不同，但在人際溝通方面，就是不要過多占用別人的時間。

小芳最近與老公鬧不和了，一氣之下帶著兒子搬回了娘家住。鬧不和的原因是老公有個好哥們，剛剛失去了父親，心情不好，每天都來找小芳的老公訴苦，這幾天乾脆就住在他們家裡了。

起初小芳也表示理解，畢竟失去父親，對任何人來說都是很大的打擊。每次老公的朋友來家裡，小芳都知趣地去鄰居家串門，讓老公陪伴朋友。後來總是去鄰居家裡，小芳也擔心替鄰居的生活帶來不便，就暗示老公的朋友，他影響到他們的正常生活了。

誰知道，老公的朋友完全不理會她的暗示，後來居然心安理得地搬到他們家裡住了，理由是，回到自己家裡就會想起父親，睹物思人。

這下小芳就不願意了，先不說家裡只有一個臥室，老公的朋友住在客廳裡為她的生活帶來了很多不方便，更重要的是，老公每天下班後的時間，都被他朋友占用了。

以前老公下班後，都會和她一起做飯，然後兩個人帶著孩子散散步，聊聊天，偶爾還能一起看個電影。現在老公一回家，他的朋友就會不停向他傾訴，完全把老公變成了他的私人情感顧問。

小芳老公的那個朋友占用了別人的時間，不識相地已經影響到了別人的家庭生活。一個喜歡占用別人時間的人，在人際溝通中忽略了界限問題。再好的關係，彼此之間都要保持一定的距離，不能因為關係好，就可以把對方的時間當成自己的時間。

日子久了，會給對方帶來壓力，繼而影響到彼此之間的關係，最重要的是，還會讓對方留下一個沒有教養的印象。

日本有一種文化，叫作「不給別人添麻煩」。比如，不小心把水灑在了地鐵座位上，即使下一站就要下車，也要想辦法擦乾淨。這樣就不會浪費下一位乘客的時間，也是有教養的一種表現。

演員孫儷在拍攝電視劇《羋月傳》期間，鄧超發了一則動態，抱怨孫儷在家裡認真研讀劇本。據說，單甄嬛傳的劇本，孫儷就整理了五十冊。而這一切都是為了在拍攝的時候所有的鏡頭都在掌握之中，盡量減少重拍。這樣就不用浪費其他人的時間了。

她在一次採訪中說，她覺得自己能完成的事，就一定不要別人來幫忙。她不喜歡浪費時間，更不喜歡浪費別人的時間。

也就是說，當我們習慣於做好自己分內的事情，就不會過多地占用其他人的時間。無論是團隊成員也好，親人朋友也好，每個人的時間都是有限的，每個人都有自己的生活。

但丁曾經說過：「最聰明的人是最不願意浪費時間的人。」

其實，不浪費別人的時間，也等於是不浪費自己的時間和生命。

在戴爾·卡內基《人性的弱點》中，曾提到巴德勒博士這段話：「只為自己著想的人是無藥可救的，也是不會受到教育的，他們是沒有教養的人，無論他受過什麼樣的教育。」

一個事事只會為自己著想的人，有很多種表現，而盡量不占用別人時間的人，一定是一個會替他人著想的人。

就像前面提到的那位朋友，我發現他任何事情，都會先考慮對方的感受，比如那次他帶我去拜訪前輩，考慮到我第一次見前輩可能會有些緊張，就提前把前輩的資料整理好發給我，還幫我準備了好幾個能夠引發前輩興趣的話題。見到前輩後，他很認真地幫我做了介紹，讓前輩一開始就對我有了瞭解，所以我那次和前輩聊得很開心，收穫也非常大。

而他也因為如此體貼和善解人意，而獲得了很多朋友的尊重和信任。所以，從今天起，盡量不要占用別人的時間，學著做一個有教養的人吧！

愛占小便宜的人，格局都不太大

大家聊到一個人的眼光、格局如何，都覺得聽起來很虛，但實際上，那些能做到忍住不占小便宜，不看短期利益的人，格局就很大。

因為不同的想法觀念，會讓人有不同的視野，然後就會做出不同的選擇和行動。

昨天晚上女兒忽然發高燒，由於醫院距離家並不遠，我們選擇了叫計程車。

為了節約時間，上車後，我就一直盯著計費錶，一到醫院門口，立即把準備好的錢遞給司機。

「等等，找你們錢……」我和老公一下車就往醫院衝，身後的喊聲根本就沒有聽見。

直到司機先生追上我們，遞給我們三塊錢人民幣。

可我明明記得計費錶上寫的是十一，外加人民幣一元的燃油費，我遞給他人民幣十二元的。

司機卻說：「你給我的錢是人民幣十五元，一張十元、一張五元，我要再找給你三元。」

當時一股暖流湧上我的心間，連忙對司機說謝謝。

這位司機讓我想起在《塵世間》中說過的一段話：「愛貪些小便宜，不肯吃小虧的人，成不了什麼大事。沒有格局，視野狹隘，一輩子也就那樣。大格局才能成大事，願意吃點小虧，才能擁大財富。」

一個不愛占小便宜的人，即使無法擁有大財富，也會像這位司機先生一樣，讓人心生好感，如沐春風，顯然擁有大的精神財富，格局自然也不小。

懂得不占便宜、少一些抱怨和計較的人，會更尊重規則、捨得付出，這不僅是有教養的表現，也說明一個人有著大的視野與格局。反之，則說明一個人的格局太小。

電視劇《那年花開月正圓》中有個情節，就是周瑩和外商克勞迪達成了兩千包生絲的生意，在如期交貨後，管家王世均告訴她，其中有一包生絲的品質有點問題。

「我們趕緊去找克勞迪說清楚。」當周瑩得知王世均沒有如實告訴客戶時，她立即趕去碼頭，當場找出了那一包品質有問題的生絲，並堅持要為其更換。

克勞迪勸周瑩就不用更換了，因為普通人根本就看不出這一包品質有問題，但周瑩覺得不能占客戶的便宜，堅持更換了一包品質好的生絲。

周瑩的堅持打動了克勞迪，同意和她簽署十年的契約。

雖然這份十年契約的促成，周瑩不愛占小便宜並不是決定性的因素，卻也發揮了重要的作用。

很多喜歡貪小便宜的人，往往只看眼下的既得利益，會覺得不拿白不拿，久而久之會形成一種心理，不占便宜就是吃了虧，也因此會損失自己的信用，被人鄙視，聰明反被聰明誤。

愛占小便宜的人，在心理上都有較強烈的占有欲望，這種占有欲望在每得到一次小便宜的時候便會產生相應的滿足感，然後就會想著去占更大的便宜。

在生活中表現出來的就是面對任何事情總是懷有僥倖心理，這樣的人內心並不一定壞，也不一定會害人，但卻容易被別有用心的人利用而吃虧。

也就是我們常說的：「愛占小便宜必吃大虧。」

老公的工作和放貸相關，前幾天聽說有個同行把一筆錢借給了朋友，然後那個朋友捲款而逃了。

「沒有任何抵押物嗎？」以往老公那些同行，就算朋友間挪用資金，也會有抵押物的，比如車、房等，這樣萬一有變故，至少放款出去的人不至於血本無歸。

原來，一開始那位借錢的朋友就說抵押物要晚點提供，但他給老公同行的利息比較高，而且首先就支付了兩個月的利息。

那位同行平時就有些愛占小便宜，想著這麼高的利息，不賺白不賺，就在沒有辦理任何抵押手續的情況下，將錢轉給了朋友。

後來才知道，那位借錢的朋友利用身邊愛占便宜的人的心理，以家裡急需錢和高利息的方式，騙了很多人的錢，現下落不明。

其實，損失點錢是小事，生活中因為愛占小便宜而丟了性命的也大有人在。

那些凡事喜歡占別人便宜的人，格局總是太小，而一個人的格局就會影響他對一件事情的判斷。小格局的人在決斷一件事情的時候，往往會有僥倖心理，從而很難作出正確的決定，最終受傷害的還是自己。

人總是有格局大格局小的，「知乎」上有個話題是「如何提高一個人的格局？」網友們都給出了很多建議，比如多和大格局的人交往，多看書，多旅遊……

而在我看來，能做到不占小便宜，就已經搶占了先機。

前幾天文友衣衣說，她找代購幫她從法國買了個包包，收到後發現對方郵寄錯了。郵寄給她的包比她購買的包貴了一萬多人民幣。

「占人家便宜，心不安理不得。」衣衣說，她一直聯絡對方客服，客服遲遲不回應，反而搞得她很著急。

其實，身邊很多人都有過類似的經歷，我還收到過一箱完全不屬於自己的東西。在我看來，快遞時代，占便宜的機會其實有很多，但小便宜占不得，大便宜更不能占。

因為一個不貪小便宜的人，往往更容易獲得別人的信任和尊重，從而會有更多的機會，也會有更高的精神層次、更大的格局，因此也更容易擁有成功和幸福。

格局不夠大，人生的高度自然有限，所以，千萬別因為一點點小便宜讓我們失去大格局。

勇於承認自己不足的人，格局都很大

有陣子，北大校長林建華在北京大學校慶大會致辭中讀錯「鴻鵠」的發音，引起了廣大網友的熱烈關注和討論。

林建華在北大未名BBS上發表了一篇名為〈致同學們〉公開信，對本次事件進行了回應，網路上更是炸開了鍋。

有人質疑林建華底子這麼差是怎麼當上校長的？更有甚者，直接質問演講稿到底是不是他自己寫的？還有人議論說，猜想這個致歉信也是公關稿，網路上還出現了對這個致歉信的各種研究。

當然也有網友是支持林建華校長的，說他能夠公開承認錯誤，勇氣可嘉，而且人無完人，呼籲大家原諒。

我不想說這件事情本身，畢竟事件的來龍去脈只有知情人才最清楚，但在我看來，林建華校長這樣的公眾人物，能夠當眾坦然面對瑕疵，承認自己的不足，其實是一個格局非常大的人。

具體表現在他在致歉信中直接說自己的文字功底很差，這次出錯只不過是把這個問題暴露出來了。

當眾道歉很多公眾人物都做過，但能夠在致歉信中承認是自己某方面能力的不足而導致的錯誤，這點很難得。

林建華校長說由於時代的原因，他接受的基礎教育既不完整，也不夠系統化。在大學入學考的語文科目中，要不是考試作文占了八十分，詞句和語法只有二十分，他可能就考不上北大了。

因為他只是在考試前的幾天，讀了一本語法方面的書，剛剛知道什麼是主語和謂語，可以想像他的語文基礎有多麼差。

我們都知道，承認自己的不足，就是對自己的否定，心理上很難做到。而人潛意識裡都有主動防禦的本能。所以，大部分時候都是喜歡掩飾而不願意面對。

黃桐在《總有一次哭泣，讓人瞬間長大》中有句話是這樣說的：在個人生涯的抉擇上，有些時候，我們往往也必須殘酷地承認自己的「不足」，可見這真的需要莫大的勇氣……而一個公眾人物，當眾承認自己的不足，就更加需要勇氣了。

決定一個人是否有勇氣直面自己不足的，其實是格局，所謂格局，就是指一個人的眼界和心胸。

因為人處在同一個時間和空間看問題會存在眼光的局限性，格局大的人會擺脫當前身分的局限，從高處和長遠的角度看，自身也能夠實現更大的突破，林建華校長就是這樣一個人。

關於承認自己不足，我特別喜歡狄德羅的觀點，他說，人常常有機會提供一個偉大的教訓就是承認自己的不足。一個人對他所不知道的就爽快地直說他不知道，這樣倒使我更容易相信他企圖向我說明的東西。

一名研究生拿著自己的論文去請教一名白髮蒼蒼的教授，但讓他沒有想到的是，這位教授看到他的論文時，誠懇地對他說：「很抱歉，你論文中的一些知識，我還不是很懂。這樣吧，你先把論文留在我這裡，等我學習一下相關的知識後，再提意見給你，你看這樣好嗎？」

那個研究生很吃驚，不是因為老教授對他說不懂，而是不敢相信一位老教授，一位權威大家，竟敢於在一個還沒有畢業的研究生面前，承認自己還有不懂的東西！

老教授看出了他的心事，笑了笑，對他說：「知識是日新月異，好多的新知識我都還不瞭解，我過去的知識已經很陳舊了，我是該好好學習一下了！」

這個故事給了我很大的觸動。

在平時的工作和生活中，當我們遇到不懂的問題時，往往會羞於說我不知道，其實就是沒有勇氣承認自己不會，但其實，當我們承認自己的不足甚至無能，反而會換來別人另外一種認可。

這點我也感同身受。

有次面試一個專案經理，從履歷上看非常適合公司的職位要求，但在面試中，當我問及他具體的專案管理流程時，他承認從未獨立負責過一個專案的實施，之前的經驗都是參與了部分專案追蹤工作，但他正在系統化地學習專案管理知識。

確認他非常有意願加入後，我錄用了他。

這樣的人哪怕當下能力一般，但其格局很大，自然也更容易得到信任。

大格局的人一般都很有自信，而從另一種角度來說，敢於承認自己的不足，也是某種程度上的自信。

就像有句話說的那樣：「只有敢於不如人，才能勝於人。」而且，一旦你對自己的不足有清楚的認識，明白自己能做到哪種程度，就會目的明確地利用自己的時間和精力，不足的地方或許就能變成一個人的優勢。

大家都知道，狄摩西尼是古代雅典著名的演說家。但其實他在未成年時，並不具備演說家的天資，他天生口吃，聲音細小，說話時愛聳肩膀。為此，他付出了艱巨的努力克服了這些缺點。

為了糾正口吃，他在嘴裡含上小石子說話；為了聲音的洪亮，他到海灘上迎著風浪朗誦；為了不聳肩膀，他懸掛劍和鐵叉，在下面練習演說。

同時，他還細心研讀學術著作和文學作品，《伯羅奔尼撒戰爭史》竟抄寫了八遍。演說家柏拉圖演說時，他一次一次去聆聽、體悟。

即使付出了這麼多的努力，他的演講生涯依然困難重重，有一次，他因忘掉演說辭而汗流浹背，口吃與聳肩的毛病就捲土重來了，以至於被聽眾毫不客氣地轟下台，甚至有人侮辱他。但他始終沒有放棄，堅持對不足的地方加強訓練，終於成為一代大師。

承認自己的不足需要的不是勇氣，而是自信。確實如此。當你足夠瞭解自己，不怕被人拆穿關於自己的一切都能坦然接受時，你才敢特別坦然地說出「我現在確實沒有那麼好」。敢說出這句話的你，心裡一定有一個想變得更好的自己。

其實這樣的故事有很多，我身邊也有一些勇於承認自己不足的人，最後反而在自己不足的地方有了很大的成就。

朋友王涵體質從小就很差，最討厭的就是體育運動，印象中大部分體育課，他都在旁邊幫我們看衣服。

上班後因為要應酬客戶，經常喝酒熬夜，身體狀況越來越差。

有次體檢，醫生說，他的身體各項機能已經很差了，要求他每天必須堅持運動。

他知道自己沒有毅力堅持，所以，就花錢請了私人教練，並且告訴教練自己的體質很差，只能循序漸進。

一個月、兩個月……他一堅持就是整整三年，身體素質越來越好，前不久他加入的健身房轉型招募加盟，他直接辭職自己加盟了一家健身房，當起了老闆。

王涵的故事，真的印證了人會有各種潛能，前提是得先客觀承認自己的不足，才明白要在哪裡下功夫。

俗話說：金無足赤，人無完人。我們身上都有不足，既不能自以為是，無視不足的存在，也不能畏縮不前，被不足束住手腳。

很多人覺得格局和自己沒有什麼關係，一般都是大人物才聊格局，其實，每個人都可以成為一個大格局的人。

就比如能夠勇於承認不足，本身就是大格局的一種表現。

北大的林建華校長勇於承認自己的文字功底很差，白髮蒼蒼的教授承認自己也有不知道的知識，而狄摩西尼承認自己天生資質很差，但事實是，他們都在自己的領域獲得了很高的成就。

有人說，一個人的格局決定其結局，而決定格局大小的因素有很多，勇於承認自己的不足就是其中非常重要的一點。因為願意承認自己有不足之處的人，內心其實是渴望進步的，有著期待成長的勇氣。

請不要拿沒錢當作敷衍生活的擋箭牌

上週末參加了一場線下培訓，課程結束後，我發了個社群動態，新近認識的一個網友就私訊我，暫且稱呼他為小王吧。

他表示對這個課程非常感興趣，於是我很詳細地和他聊了聊我的感受，結合他目前從事的職業和面臨的困惑，我建議他也去上，而且最近就有一期，距離他所在的城市也很近。

「這麼貴？下個月我女朋友生日，要買禮物給她，經濟上有些困難。」我和他說了課程的費用後，過了很久，他寫了這行字傳過來。

起初我以為他故意和我開玩笑呢，對於一個已經畢業三年多的人，人民幣幾千元的積蓄不可能沒有。

於是就順嘴說，這個費用就線下課程來說，不算貴的。老師們也有一些網路課程，費用不高，你也可以先去聽聽。

沒想到，他一口氣發了一堆語音訊息過來，大體是解釋為什麼沒有積蓄，還說從現在開始就要為回家過年存點錢，那些網路課程他也覺得有些貴。

忽然我就明白了，他不是沒錢，他是還沒準備好認真對待生活，所有對未來生活的嚮往只是想想而已，從來沒有下決心去做，只是拿沒錢當作敷衍生活的擋箭牌。

和我同一期上培訓課的，有一位來自四川一個偏遠小鎮的男生。他所在的城市很封閉，而他也剛剛離職，想來經濟上不會比小王好多少。為了下定決心來參加這個培訓，他諮詢了很多人，讓他猶豫要不要參加的理由裡面，卻沒有「沒錢」這個因素。

透過不多的交流，能感受到他認真對待生活的態度，他常說，雖然所在的小鎮現在偏僻些，但是他始終相信會越來越靠近大城市，所以，他要做好迎接變化的準備。為此他報名參加了一些付費的網路課程，包括這一次的線下培訓，而就這一次課程，他就要比我們生活在深圳以及週邊城市的人多支付交通費和兩天的食宿費。

這位男生讓我想起紐約著名中學教師法蘭克．麥考特在其暢銷回憶錄《安琪拉的灰燼》說過的一段話：「我們在物質上極端貧窮，但我們總是很快樂，有很多渴望，很多夢想，很多熱情，我們感覺很富有。」

雖說他不至於是極端貧窮，但他也只是和小王一樣的普通人，賺一份不多的薪水，但他從未因此而放棄成長。

身邊有很多人，他們在不是那麼有錢的時候，也從來沒有放棄對夢想的追求，從來沒有想過以此為藉口去敷衍生活。

前幾天看完了特立獨行的貓寫的《不要讓未來的你，討厭現在的自己》，在書中她提到自己在大學裡考多益的經歷深深地觸動了我。

她和另外一個同學去北京報名補習班學多益，住小房間、吃泡麵，我感受到的是，在追求夢想的路上，沒錢根本不足以阻擋我們前進的腳步。

「知乎」上有這樣一個話題：「沒錢，對現在的年輕人意味著什麼？」

其中贊同數最高的是許曉風老師的回答，她列舉了十八個反面觀點和十七個正面觀點，其中並沒有提到我們因此就要敷衍生活。

贊同數第二的回答，直接告訴我們，不要當一個既沒物質也沒精神的「窮人」。

那位叫作「加應子」的網友說，假使真的沒錢，一定要接受這個事實，然後努力完善自己、充實自己。

當我們開始努力，自然也就不會敷衍生活了。

讀大學的時候，業餘時間我幾乎全部用來賺取生活費，但我依然堅持參加了我喜歡的文學社和校廣播站，雖然可能會錯過一些兼職的機會，錢少賺了點，我每個月少花一些就可以了，我獲得的精神上的富足是無法用金錢衡量的。

那時候我始終堅信，沒錢可以努力賺，前提是，不能因為沒錢而放棄內心真正的渴望、而因此敷衍自己敷衍生活，因為最終被敷衍的一定是自己。

就像張方宇在《單獨中的洞見》說過的那樣：「寧可在物質上貧窮，也不要在精神上平庸。物質上的貧窮就像體外傷，可以醫治。精神上的平庸則猶如伴隨人一生的慢性惡疾，極難治癒。」

當你存了敷衍生活的心，精神上自然就趨於平庸了，這是最難治癒的。

讀夏沫的《預見未來的自己》，有段話我很喜歡：「物質的貧窮並不可怕，真正令人覺得可怕、感到可恥的是人窮志短、鼠目寸光、不思進取。」

而那些拿沒錢作為擋箭牌來敷衍生活的人，無疑都是鼠目寸光、不思進取的人，這比沒有錢更可怕。

所以停止拿「沒錢」當作敷衍生活的擋箭牌吧！

什麼事情是你當了主管才明白的

工作了十年，大大小小的主管當了也有九年。領導過別人，也被別人領導過，掉過的坑不計其數。今天把以往的經驗總結了出來，全部都是好料，沒有雞湯。

好的下屬都很貴

可以說，這是我工作十年最值錢的一個經驗。

所謂一分價錢一分貨，除去假冒偽劣的人才，好的下屬都很貴，不要奢望用較低的薪資招募到一個能力很強的下屬。

所以，身為主管，務必做到以下三點：

一、要在職責許可權範圍內給予下屬合適並且有競爭力的薪資。

每個公司都有薪資體系，員工入職時的起薪直接影響到後續其漲薪，所以，盡可能為新入職的下屬爭取合理並且有競爭力的薪資，如果你壓低了下屬的薪資，這個員工的薪資將有可能會永遠偏低。

二、鼓勵下屬主動和你提加薪。

一個對錢沒有欲望的員工，對公司其實是一種災難，而一個對錢沒有欲望的下屬，對主管來說也是一種災難。

唯有對錢有欲望，才會努力達成目標，實現多方共贏。

所以，身為主管，要鼓勵下屬主動和你談加薪，這樣就會避免一些人因為對薪資不滿意而離職，造成人才流失。

三、隨著下屬個人能力的提升，主動為其加薪。

之前，我一直信奉的觀念是：先好好做，薪資一定會幫你漲的。

而事實是，我在一家公司做了九年，老闆一次也未曾和我提起過加薪，所以我很負責任地告訴你，你不主動幫下屬加薪，公司基本上是不會主動為任何一個員工加薪的。

所以，當下屬能力提升之後，主管要主動為其提高薪資，而且加薪時，不能單一以員工當下拿到的薪資為標準，而是以公司換掉他的機會成本為依據，也就是這個職位的「市場行情」加上「招募費用」。

當然了，除去底薪，各類績效獎勵也非常重要。關於這一點，每家公司以及不同部門的標準都不同，身為主管，也要為下屬謀劃好，確保其付出有相應的回報。

總之，有個道理和大家共勉：在這個世界上，或許存在不喜歡錢的人，但絕對沒有不需要錢的人。

營造快樂的工作氛圍

錢固然重要，但也不能一味逼著下屬賺錢，這樣會適得其反。

在《和繁重的工作一起修行》這本書中就提到，企業不能只關注利益，而是要更加關注快樂和幸福，因為企業利潤只是快樂和幸福的無數個載體之一。

那麼，領導者就需要換位思考，站在下屬的角度去想，把制度設計與員工的內在需求相結合，會讓員工更快樂更積極，利潤或許會隨之而來。

身為主管，想要營造快樂的工作氛圍，有兩件事情一定不能做。

一、不分場合批評下屬。

批評犯錯的下屬，這合情合理，不可取的是，不分任何場合大聲批評，這會讓下屬覺得沒有面子，傷其自尊，也是不尊重別人的做法。

這種批評方式只會引來下屬的反感，對實現更高利潤沒有任何好處。

二、把責任推給下屬。

當下屬犯了錯誤，主管必須有所擔當，如果將所有責任都推給下屬，長此以往，下屬心中自然是不開心的，最終的結果可能就是離職。

好的主管是教練

這點是我在學習教練技術時悟到的，身為領導者，往往喜歡指導下屬做事情，甚至有主管喜歡親力親為，不放心讓下屬做任何事情，這樣是完全不利於員工發揮能力為公司創造利潤的。

在約翰．惠特默爵士的《高績效教練》中提到了這樣一個觀點：八〇％的員工在問你怎麼辦的時候其實都已經有了答案；七〇％的情況下主管給予的建議都是錯誤的。

所以，領導者要學會放棄指導，因為當你一遍遍地教訓和指點下屬時，他會覺得這不是他應該要解決的問題，收效肯定不大。

應該成為一個教練型的主管，用心支持下屬，幫下屬梳理清楚目前的狀況，激發他的積極性讓他自己找到行動計畫，而不是告訴他怎麼做。

唯有這樣，下屬才能真的被培養出來。

實踐深度工作，砍掉膚淺工作

有一種職場現象大家應該不陌生，就是有些人永遠都在忙，但永遠不會被加薪，因為他沒有為公司創造太多的價值，領導者尤其愛犯這樣的錯誤，因為管理的人多了，就會覺得要處理的事情也很多，會變得越來越忙。

有很長一段時間，我就是這樣的人。

直到後來讀了卡爾·紐波特寫的《深度工作》這本書，我才明白，原來工作是有深度工作和膚淺工作之分的。

深度工作是指在無干擾的狀態下專注進行職業活動，使個人認知能力達到極限，這一類的工作能夠創造新價值，提升技能且難以複製。

膚淺工作是指對認知要求不高的事務性任務，往往在受到干擾的情況下展開。此類工作通常不會為世界創造太多新價值，且容易複製。

那麼，身為領導者，必須要帶領團隊用大量的時間來做深度工作。

最有效的方法就是定期詢問掌權者，哪些方面的工作最關鍵，他們最希望你做什麼事情。

作者在書中也給了很多的具體建議，我結合自己的經驗，總結了以下三點：

一、做好每天的計畫。

深度工作要求我們要尊重時間，所以每一分鐘如何使用，我們都要做到心中有數，當然，我們也要允許日程中有突發改變，甚至可以主動尋求改變。

二、膚淺工作時間控制在一〇%。

書中指出，對於大多數非入門級的工作職位，膚淺工作預算通常在工作時間的三〇%至五〇%，也就是說，有一半的時間做的事情是無法創造價值的。

身為管理者，我覺得這個一定要控制在一〇%以內。

也就是說，如果你一天用來投入工作的時間是八個小時共計四百八十分鐘，那麼你一天的膚淺工作時間要控制在四十八分鐘以內。

因為如果你的膚淺工作時間占用太多，就意味著你花在產出價值的事情上的時間少了。

三、比你平時提前一個小時結束工作。

卡爾．紐波特提出過一個「固定日程生產力」的概念，就是說確定一個工作目標，並設置工作時間上限，達到時間上限時則停止工作，這會有利於我們專注於有生產效率的深度工作。

關於這點，我一個做企業的朋友透過實際行動做了印證。

他說，自從創業以來，他每天都是晚上十二點以後離開辦公室，這樣讓他根本沒有時間和精力陪伴家人，直到他的身體查出了問題，醫生要求他必須每天晚上十點之前入睡。

於是，他嘗試著每天晚上六點後就強迫自己放下手上的工作離開辦公室，堅持一段時間後，他發現，公司的運轉反而比以前好了。

後來我反思，其實他無意中就是應用了「固定日程生產力」，使得他減少了實際工作時間，但依然達到了目標。

真正決定人生高度的，是你的行動力

在一些文友自發組織的交流群組裡，大家經常共用熱門素材。每次總有人在第一時間提煉出主題並完成一篇文章，也總有人感慨：「我還沒有開始呢。」有種距離，就是你剛寫完提綱，別人已經交稿了。一句看似調侃的話，說的就是一個人的行動力。

有位名人說過，一個人之所以變得平庸，不是因為他做了什麼，而是因為他什麼都沒有做。

網路上曾瘋傳一段關於河北石家莊的藝考生蘇靈琪的影片。她曾重八十五公斤，為了報考自己熱愛的播音主持科系，經過努力，在藝考前二十天，狂甩三十公斤，成功減到五十五公斤。

為了更快減肥，她只吃水煮菜和高蛋白的食物，把一切喜歡吃的油炸食品全部戒了，而且每天都堅持運動。

我們人人都不想被嘲笑，人人都明白努力了就不後悔，但卻不是人人都有行動力。

盧蘇偉在《你要配得上自己所受的苦》中說過這樣一段話：「一個人的執行力和行動力，決定一個人的成就，要成功就要忍受眼前付出的辛苦和各種與目標無關的誘惑。」

的確如此，像蘇靈琪一樣不滿足於現狀的人有很多，而她只是因為有了行動力，將想法付諸實踐，她就已經開始擁有了不一樣的人生，至少她的成就會比什麼都不做的人要大得多。

很多時候，我們只是看見了別人的成果，卻很少去思考，別人為什麼會有這樣的成就？除了專業技能、想法、格局……最重要的，其實就是一個人的行動力。

那些所謂的強者，只不過是普通人把自己的想法付諸了行動而已，你的行動力直接決定了你的人生高度。

記得《我的世界很小，但剛剛好》有這樣一句話：「一切沒有行動力的計畫都是耍流氓。」

也有人說，這世界從來缺少的不是完美的計畫，而是說做就做的行動力，這點我很有感觸。因為我身邊就有計畫做得非常完美但從來不行動的人。

阿軍就是其中一位，他在朋友當中極其有影響力，因為他善於思考，思維縝密。

前不久大家商議著一起去泡溫泉，由他來安排。

他很熱心，幾乎每天都更新一版計畫，細到出發大家要帶什麼衣服、帶小孩子的家庭要準備什麼東西……但就是遲遲不定出發的準確時間。

每次大家一催促他，他就說，計畫還沒有完全做好，再等等。

這一等就是好幾個月，有幾個急性子忍不了了，一通電話下來，大家開車就出發了，而據說他的方案現在還在修改中。

後來讀一本心理學方面的書，才明白原來阿軍這樣的人屬於思考型性格的人。這類人最大的特點就是喜歡謀定而後動。

這五個字其實是褒義詞，但如果一個人始終都在謀而不動，謀其實就是一個人不願意行動的託詞了。

一味地謀而不去做，就永遠不知道後續的事情如何發展。外面的世界是瞬息萬變的，等所謂的謀劃完美了，或許已經不適用於當下的環境了，而其實一個小的外界條件就可以對後續產生無法估算的影響。

所以再怎麼謀，做出再完美的計畫，我們也不可能看清楚整個事件的發展過程。

唯有快速行動，才能推動事情的發展，最終抵達目的地。

決定你人生高度的不是制定多麼完美的人生規畫，而是即刻行動。

當然了，不是說只要你開始行動，就一定會得到自己想要的結果，行動力不是萬能的。當我們把想法付諸行動之初，大部分人都是充滿信心的，但在受到各方面的阻力後，還是有一些人會放棄行動。

記得我在商學院的課程走到了實踐階段時，所有人離開了教室，重新回到自己生活和工作的圈子裡實踐擬定的行動計畫。

起初大家都信誓旦旦地表示一定會堅持行動一百天。

而事實是，開始沒幾天，就有人準備放棄了，理由就是事情多，家人反對……總之就是無法繼續堅持下去。

阿雪就是第一個放棄的人。

昨天我和同學一起去勸她，她講了很多的理由，覺得的確是無法堅持下去了。但在我看來，她所謂的那些理由，頂多算是藉口而已。

在真正強大的行動力面前，所有外界的干擾都是無法阻礙一個人持續行動的，這點我最佩服的人是《根》的作者哈利。

他曾是美國海岸警衛隊的一名廚師，業餘時間幫同事們寫情書，當他發現自己愛上寫作後，就下定決心兩到三年內寫一本小說。

於是，每天晚上當別人出去娛樂時，他就在房間裡寫作。後來退役後，他依然堅持寫，因為沒有多少稿費，他的欠款越來越多，甚至沒有買麵包的錢，但他依然堅持寫。

期間有朋友實在看不下去了，就幫他介紹了一份到政府部門工作的差事，他拒絕了，理由是他要成為作家，所以要不停地寫。

十二年後，他寫完了那本書，就是他的成名之作《根》。

據說他的手指都變形了，視力也下降了很多。

值得慶幸的是，他的那本書紅了，引起了很大的轟動，僅在美國就發行了一百六十萬冊精裝本和三百七十萬冊平裝本，他的收入一下子超過了五百萬美元。

他曾說過：「獲得成功的唯一途徑就是立刻行動，努力工作，並且對自己的目標深信不疑。」

但在我看來，他成功的原因除了立刻行動外，更重要的是他能在行動的過程中排除萬難，堅持下去，因為這比立刻行動要難很多。

當有人意識到自己沒有行動力時，很容易對自己說，現在晚了，來不及了，只能算了。

於是他們總是不肯開始，就讓很多原本能夠實現的夢想和目標在自我嘆息中煙消雲散。

其實，無論過去如何，當下你只要立刻開始行動，就不晚，因為遲開的小花也能結果，而且有可能結出更加珍貴的果實。

著名畫家齊白石畫蝦可以說是畫壇一絕，靈動活潑，栩栩如生，來自生活，卻超越生活，大膽概括簡化，被人稱為傳神妙筆。而他其實是在六十二歲的時候，才意識到自己對蝦的領會還不夠深入。

於是，他就在畫案上放了一個水碗，常年養著幾隻蝦，反覆觀察蝦的形狀、動態，不斷練習，才有了我們今天看到的一幅幅畫。

只要你想開始，任何時候都不晚。

如何才能提高自己的行動力呢？

前面我們說過，一個人行動力差，很大一部分原因就是這個人愛思考。

那麼，面對一件事情，首先就結合愛思考的特點算機率，當一件事情有七八成成功的機率，就可以立即行動了。

因為很多人都認為，確保有百分百成功的可能性才可以行動，這顯然不符合現實的，因為沒有人能有這個把握。

人要敢想敢做，有想法就去行動，一旦衝動的想法淡了，行動力也就弱了。

其次是要堅定一個想法：辦法比問題多。

善於思考的人，會在行動之初就設想出很多可能出現的困難，這是導致他們遲遲不行動的重要原因，但我們都應該清楚，辦法一定比問題多。

就像哈利，在堅持寫作的過程中，甚至連溫飽都成問題了，依然堅持寫，寫了十二年都沒有餓死，用事實證明了辦法總比問題多。

最後一點是行動開始就要多付出。

這裡的付出包括但不限於時間、金錢、時間等，因為愛思考的人經常會認為，付出了那麼多，不收穫點東西太吃虧了。

所以一般前期付出多一些，就會更容易堅持一些。

當然了，做到這三點雖然能夠提升一些人的執行力，但畢竟每個人的人生是自己負責的，真的要提高自己的行動力，不要過於寄希望於外部，內部催生出來的力量才是長久的。

不管怎麼樣，只要有想法，先試著踏出一步總是沒錯的。

一個人最大的能力，就是讓人放心

有陣子，公司主營業務做了調整。

老闆決定在我負責的部門下設一個客戶服務部專門服務客戶，並從內部提拔一個人作為部門經理。

經過多方考量，我將小王和小陳推薦給了老闆，就綜合素質、對產品的熟悉程度以及對公司的忠誠度來說，兩個人不相上下。

那麼問題來了，到底選誰做這個部門的負責人呢？

老闆一時也定奪不下。

因為這個部門的工作將來是需要和公司所有部門打交道的，所以老闆召集各部門負責人一起討論。

大家也覺得兩個人都非常優秀，一時無法決斷。

測試部門的負責人忽然說話了：「我傾向於小陳，他辦事比較讓人放心。」

他說，每次新功能上線，測試部門都會發郵件告知所有面向客戶的業務人員。希望他們及時搜集並且回饋客戶對於新功能的使用體驗，包括使用過程中的一些改良建議。

因為不是本職工作，所以很多業務人員都沒有當回事，但小陳每次都會及時回饋；而且，被他們採納的建議，小陳也會主動追蹤進度，並及時告知給客戶。

說實話，這個事我都不知道，但是我和測試部負責人的感覺是一樣的，那就是小陳是一個讓人放心的人。

所有的緊急任務，我的第一人選永遠都是小陳。

甚至有時臨時出差訂機票這樣的小事，我也會先想到他，因為我從來不擔心他辦不好事情。

小王雖然各個方面都和小陳差不多，卻並沒有給人一種放心的感覺，最終小陳成了部門經理，這是發生在我身邊的真實故事。

後來每一次在人事調整的時候，小陳都因為辦事讓人放心這個特點而得到重用，現在已經是公司核心業務團隊的負責人之一了。

褚洪望曾經說過：「做人讓人感動，做事讓人放心。」

也有人說，一個人最大的能力就是能讓人放心，更有人說，最聰明的做人之道，是讓人對你放心。

很顯然，一個讓人放心的人，職場上一定會更容易受到重用，也會被更多的機會垂青。

而一個讓人不放心的人，他的事業也一定困難重重，很難有受重用的機會，人生道路也會變得更窄。

同社區的阿麗，最近因為從幼兒園接孩子的事傷透了腦筋。

眼看著孩子還有幾天就要上幼兒園了，婆婆卻因為家裡臨時有事要回去處理，大概需要半個月。

她想在同社區找一個人幫忙每天晚上接一下女兒，因為她和老公是可以在上班前把女兒送到幼兒園的。

首先她想到的是平日裡和她最要好的阿梅，阿梅的孩子和阿麗的女兒是同歲，選擇的也是同一家幼兒園。

而且她全職在家裡帶孩子，時間充裕，於是她就和阿梅商量，阿梅也是一口答應了。

為了讓女兒提前適應阿梅，昨天阿麗把女兒送到早教中心後就去上班了。

囑咐阿梅按時去接，擔心阿梅忘記，阿麗還特地提醒了好幾次。

臨下班的時候阿麗參加一個會議將手機調成了靜音。

會議結束後，手機裡有很多通未接電話都是早教中心的老師打給她的，她嚇了一身汗，以為女兒出事了。

結果老師說，阿梅忘記去接她女兒了，老師打電話給她打不通，後來聯絡到了阿麗的老公，才來把女兒接回去。

當阿麗問阿梅的時候，她居然很輕描淡寫地說忘記了。

阿麗心裡就很不是滋味，老公就說，這個人辦事不放心，還是不要讓她接女兒了吧？

阿麗就找了個理由，再也不敢讓阿梅接她女兒了，而且在她心裡，阿梅也不再是那麼要好的朋友了。

電視劇《秦時明月》中的蓋聶說過這樣一段話：

勇敢，不是透過別人為他擔心來證明的，尤其是那些關心他的人。強者，是能夠讓他的朋友、親人感到安全、放心。

一個強者，一定也熟諳做人之道，做事讓人感到放心。

一個在工作上讓人覺得放心的人，在職場上會有更多的機會。而在日常生活中讓人覺得安全放心的人，也更容易獲得友情。反之，則會被朋友們逐漸疏遠。

很久以前，在朋友家裡翻過李光彩的《說話讓人舒心，辦事讓人放心》那本書。

序言中有段話讓我留下很深刻的印象：

世上不乏才華超卓、智能出眾之人，起初被大家一致看好，後來的結局卻不太美妙，有些人的遭遇還很悲慘。

有的人往往怨怪時運不濟、小人作祟，但究其原因，無非三點：一是說話讓人不舒心；二是辦事讓人不放心；三是說話、辦事都讓人煩心、揪心、痛心。

可見讓人放心對一個人來說是多麼的重要。

細想一想身邊那些在工作中平步青雲、生活中人緣很好的人，無一不是讓人感覺放心的人。

所以，努力成為一個讓人放心的人，就顯得很重要了。

那麼，如何才能成為一個讓人放心的人呢？

我覺得要從兩個方面努力，一方面是不斷提升自己的綜合能力，另外一方面就是培養自己的責任心。

因為放心有兩種形式上的放心，一種是能力上的放心，而另一種是態度上的放心，而且兩種是相輔相成、缺一不可的。

就算是你再有能力，可是讓別人覺得你做事不踏實，沒有責任心，也沒有人敢相信你重用你。

而如果你做事很有責任心，但是能力不行，別人也不太放心把事情交給你做。

就像我們公司的小陳，他是有責任心而且讓人放心，但如果他工作能力不行，自然也是無法勝任部門經理的。

而阿麗的朋友阿梅，雖然具備能夠接送阿麗女兒的能力，但不是很有責任心，阿麗自然也不敢放心地把女兒交給她接。

其實，做一個讓別人放心的人，真的是一種人生的境界，需要我們在成長的道路上不斷地修正自己，才能讓跟你交往的人覺得放心、舒服。

辦事讓人放心，是對一個人最高的評價。

工作中我們要上級放心、下級放心、同事放心，生活中我們要讓家人放心、朋友放心。

放心蘊含著一個人的品格，也體現著一個人的修養。

最深沉的愛，是不忍心給你添麻煩

上週末，陪媽媽去北大醫院神經科看病。

她一隻眼睛上下眼皮跳得很厲害，醫生問：「這個症狀多久了？」

媽媽說：「兩個多月了。」

坐在旁邊的我，極為自責地補充說，我媽都沒有和我說過。

兩個星期前，老公陪媽媽去了婦幼保健院，將一顆牙齒拔掉了。

老公回來和我說，媽媽告訴醫生，那顆牙齒已經疼了一個多月了，而媽媽之所以不告訴我們眼皮跳的事情，是因為她以為是牙齒疼引起的，結果牙齒拔掉後兩個多星期了，眼皮還是跳，才不得不在上週五晚上告訴我。

她還是不小心說漏嘴了，在告訴我之前，她和爸爸已經去家附近的眼科醫院看過了，醫生說這種情況得看神經科，媽媽才意識到問題有些嚴重。

「就是怕給你添麻煩。」當我正滔滔不絕地「教育」媽媽，有病就得看，耽誤了病情會引發了其他問題時，媽媽忽然像個犯了錯誤的孩子，低著頭，弱弱地說出了前面那句話。

然後我就假裝要上廁所，用冷水狠狠地洗了把臉。

我不想媽媽發現我的眼淚，因為她一定會認為給我帶來了麻煩。而這，也會給她帶去自責的麻煩。

記得在網路上看見這樣一句話，大意就是，一個人對你最深沉的愛，其實是不忍心麻煩你，父母如此，朋友亦如此。

我有個很好的閨密，前陣子來深圳出差，結果客戶臨時有點重要的事情要處理，她就多出了一天的時間可以支配。

她沒有告訴我，而是選擇一個人去了海邊。

離開前我請她吃飯，她無意中說起這個事情，我表示很生氣，她明明可以喊上我一起出去玩的。

「你不是在趕稿嗎？我不忍心麻煩你，耽誤你的時間。」閨密看著我認真地說，當時我的心揪了一下。

閨密知道，無數個深夜我都在趕案子，我也已經大半年沒有週末和假期了，她知道我時間不夠用，所以不忍心再麻煩我。

這不是疏遠，而是另外一種愛！

所以，如果有人總是不忍心打擾你，那對你一定是真愛！

從記事起，我媽媽就有不給我添麻煩的習慣。

我讀大學時，妹妹都還在讀高中，也是家裡經濟壓力最大的時候。

一年秋天，爸爸半夜騎摩托車載著媽媽去辦事，掉進了一個大溝，媽媽的一隻手臂摔斷了，但當時的醫院居然沒有診斷出來。

於是，那個秋天，媽媽就拖著一隻「斷掉」的手臂，堅持每天拾棉花，雖然醫生沒診斷出來，但媽媽肯定是能感受到的。

試想一下，手臂的某個部位完全斷裂，那種疼，唯有經歷過的人才能感受到。

秋收結束後，媽媽讓大妹陪著去了大醫院，拍了X光片才知道，媽媽手臂斷裂的部位，已經癒合了，卻是錯位的。

於是，醫生將已癒合的部位敲斷，再接上……如今媽媽的那隻手臂，連我女兒都抱不起來，套頭的衣服也無法穿進去。

那時我遠在黑龍江讀書，媽媽囑咐家人不許告訴我，怕耽誤我讀書，給我添麻煩。

這一切，都是後來我畢業工作後，家人陸陸續續告訴我的，知道的那一刻，我就對媽媽發了脾氣。

如果當初告訴我，我一定會讓妹妹帶著她去大醫院檢查，不至於白受罪，就因為怕麻煩我，就選擇自己承受，想起來我就痛心。

如今想來，不僅媽媽如此，我又何嘗不是怕給媽媽帶來麻煩呢？

畢業後的第三個月，我被人騙光了身上所有的錢，連早餐的錢都是當時的宿舍室友贊助的，但每次和媽媽通電話，我依然裝作興高采烈。

獨自一人在外漂泊，媽媽已經擔心得睡不好覺了，我又怎麼忍心讓她跟著我擔驚受怕？

這幾年，因為要幫我照顧女兒，媽媽和我生活在一起的時間比較多，所以常聊天，無意中提到那件事情，媽媽的眼淚一下子就流出來了。

一個人怕給對方添麻煩，其實是深知對方對自己的愛，不忍心讓對方為自己傷心和擔心。回想和母親的點滴，讀書的時候，遠在外地，母親自然知道我是沒有能力幫助她的，而我也很難切身地去感受到母親的內心。

而今成了家，女兒稍微咳嗽下，我都能及時感受到，而母親，牙疼了一個多月，眼皮跳了兩個多月，我卻始終沒有發現。

就這個問題，我和幾個閨密聊過，大家一致都認為，父母年紀大了，反而很多事情都不願意和我們說了，理由都是怕麻煩我們。

細細想來，或許，父母也曾向我們暗示過被我們忽略了，或許我們無意中表現出的忙和累，一次次扼殺了父母們原本想要和我們溝通的心。

而其他朋友家人又何嘗不是如此呢？

他們因為愛我們而不忍心麻煩，而我們就越發要多一些用心，留意到他們的需求。你這樣做了，對方會感覺很溫暖，兩人之間的關係也會變得更加親密。

皓媽是我最近新認識的朋友，前幾天在網路上聊天，我無意中提到自己寫稿忘記吃午飯了。她就說，自己包了包子做了辣椒醬，可以送過來給我，我自然是拒絕的，因為她特地坐地鐵送來給我，也是個麻煩事。

但誰知道，半個小時後，她出現在了我的門口。

當我看見她的那一刻，這個朋友就走進了我的心裡，不是因為她送了包子給我，而是她能細心地覺察到我不願意麻煩她的心理，也覺察到了我的需求，還是選擇麻煩自己。

人們都說，關係就是相互麻煩出來的。和人相處，多覺察對方內心的需求，能夠像皓媽一樣善解人意，會讓被你關愛的那個人，更愛你！

在《狂拽的宇宙超人》中，有一段話：「當你的兒子不再麻煩你的時候，他們或許已經長大了！當你的父母不再麻煩你的時候，他們或許已經離你而去！當你的老婆不再麻煩你的時候，她或許已經去麻煩別人了！當你的朋友不再麻煩你的時候，你們或許已經產生了隔閡。人生很短，請一定珍惜那些麻煩你的人！」

這點我特別感同身受，雖然愛你的人，都不忍心麻煩你，但有人麻煩你，其實也是另外一種幸福。

女兒剛上幼兒園時，每次分開的時候都戀戀不捨，還要掉幾滴眼淚才願意上樓去，從今年開始，每次一進校門，頭都不回就直接上樓了。

她終於不給我添麻煩了，我反而有了一絲失落。

所以，如果還有人麻煩你，就好好珍惜吧！

當然，有人不忍心麻煩你，也是一種幸福！

05

感恩生命中的那些障礙

你對待競爭對手的態度，暴露了你的格局

前幾天，參加了一個前輩舉辦的飯局。

閒聊時，有人提起了我們都認識的兩個人，王勝和小軍。

「王勝混得不錯，自己開公司了。」前輩告訴我們。

王勝在行業裡累積了一定的客戶資源後，就自己創業了，由於他人緣好，客源始終不斷，公司經營得還不錯。

提到小軍，大家都搖頭，說這小子，晃蕩了這麼多年，還是底層的銷售人員。

其實，小軍和王勝當年都是普通的銷售人員，分別在相互競爭的兩家公司就職。O2O很紅的時候，擁有餐飲、娛樂等行業大客戶的銷售人員很吃香，小軍和王勝能力相當，在圈子裡口碑都很好。

後來不知道發生了什麼，小軍的很多客戶都選擇和王勝合作了，有人說小軍得罪了行業裡很有影響力的一個人。

「其實是因為他背後說競爭對手的壞話。」前輩抿了口茶，說，「傳言小軍得罪的那個人就是他。」

當時前輩的企業要企劃一個週年慶的行銷活動，小軍和王勝代表各自的公司提出了方案。為了公平競爭，前輩安排兩人分別介紹自己的方案，方案中需要剖析自己和競爭對手的區別。

「現場，當著公司的管理層，他說了很多王勝方案中的不足，連帶著還詆毀了王勝本人；王勝闡述完自己的方案後，還誠懇地建議，可以考慮和小軍的公司聯合執行這個方案。」前輩說，兩個人的方案他都看過，對競爭對手的分析都是很客觀的，讓他意外的是，小軍在現場居然臨時變卦。看著我們不解的眼神，前輩笑了，他說：「其實一個人的格局，從他對競爭對手的態度就能看出來了。」

飯局的最後，前輩說，其實王勝的能力比小軍要差一點，但他從不說其他競爭對手產品的壞話，而且在每次的提案中，都極為客觀地分析競爭對手產品的優劣，向客戶提供建議。時間久了，越來越多的客戶認可了王勝，遠離了小軍。

他們的故事，讓我想起了諾貝爾。

諾貝爾在讀小學的時候，成績一直是班上的第二名，第一名總由柏濟同學獲得。有一次，柏濟意外地生了一場大病，無法上學而請了長假。有同學替諾貝爾感到開心：「柏濟生病了，以後的第一名就非你莫屬了！」

諾貝爾並不因此而沾沾自喜，反而將課堂筆記寄給因病無法上學的柏濟。學期末，柏濟的成績還是維持第一名，諾貝爾則依舊名列第二名。

眾所周知，諾貝爾長大之後，成了一個卓越的化學家，他死後，將他所有的財產全部捐出，設立了諾貝爾獎，但幾乎很少有人記得永遠考試第一名的柏濟。

都說一個人的格局決定結局，而他對競爭者的態度就能看出這個人的格局。大格局者，不會永遠只想著自己，而是把別人也裝在心裡，也不會人云亦云，更不會因為害怕被擊敗而選擇詆毀對手。

在網路上看過這樣一個段子，很有趣。

一個女孩把新買的 iPhone 6s 放在鋼琴上，她同學看到後說：「真能裝！不就買個蘋果嗎，放這麼顯眼的位置。」女孩笑了笑說：「我彈著八十萬人民幣的鋼琴，你卻只看到一支六千人民幣的手機。」

這個段子說明了一個道理，那就是你的注意力在哪裡，你的格局就在哪裡。

心理學上也有類似說法，就是你的注意力在哪裡，你的成就就在哪裡。因為當人的注意力聚焦在一點上，其他資訊就會被過濾掉。

一個大格局的人，面對競爭對手時，會將所有注意力集中到自我的發展上，而不是花太多的時間和精力去攻擊競爭對手。

企業的經營，也是同樣的道理，不過多在對手身上消耗自己的注意力和力量，專注企業自身的進化，對手自然就會被甩到後面，而且在高層次上，很難有對手跟上來，這其實就是任正非講的：進入無人區。

就像我們都熟悉的蘋果公司，相信賈伯斯並不是站在打敗 NOKIA 的角度去做手機的，而是他基於對手機的重新理解，對顧客隱性需求的挖掘，而做出了一款超越時代的智慧型手機。

夢想合夥人郝穎（卡瘦總裁）說過：「作為一個創業者，我們要竭盡全力地跑到終點，而不是把別人絆倒，尤其是在別人已經傷痕累累的時候，更不應該去補刀。」

你將注意力放在攻擊競爭對手上，自然就不會將注意力集中到企業和個人未來的發展上，就很難讓企業或者個人，立於不敗之地。

而你將注意力放在自我不斷完善上，就不會過多理會對手的動作，而是專注從更高維度來自我進化，無論是個人還是企業，都會有更長足的發展，也一定可以遠遠甩開競爭對手。

讀完《競爭心理學》這本書，我接受了一個事實：

那就是競爭無處不在，而競爭的普遍規律是強者得以生存和發展，弱者慘遭淘汰，甚至滅亡。

這也就意味著，當我們和競爭對手在一起時，天生就想超過對方，這是人的一種本能。如果一個人面對競爭對手，依然能夠做到尊重、包容，足見一個人的心理狀態有多麼穩定。面對得失，情緒自然不會大起大落，這樣的人，一定是有大格局的人。

實力派演員馮雷在一集《演員的誕生》中和于毅搭檔，共同演繹了電影《追龍》中的經典橋段，再現了香港黑白道激鬥的場面，兩人可以說是棋逢對手，飆戲酣暢淋漓。

依據情節的發展，演員于毅在台上連著用頭爆碎了兩個酒瓶，現場觀眾驚叫連連，就連幾個導師都驚訝得張大了嘴巴。

然而，戲劇性的一幕卻出現了：于毅爆碎了酒瓶後，酒瓶的廣告標籤留在了于毅的頭上，大家應該可以想像得到頂著廣告標籤的于毅有多麼滑稽。

兩人在台上的身分是競爭對手，顯然這種情形對馮雷是有利的。

但馮雷卻在第一時間，很隨意地邊說話邊用手打掉了于毅頭上的廣告標籤。

說實話，要不是事後他們說這是個意外，我會認為打掉廣告標籤本來就是安排好的情節。

馮雷的這個行為，讓宋丹丹、章子怡等都讚不絕口。這為他的成功晉級加了分。

或許在表演過程中演員之間彼此解圍不算什麼，面對競爭對手的失誤，第一個反應是替對方解圍，就不是一般人可以做得到的了。

馮雷幫助了對手于毅，非但沒有拉低自己的成績，反而為自己加分了，這是面對競爭對手時更高的一種心境。

遺憾的是，現實中太多人都習慣抨擊競爭對手。

記得當年歐巴馬跟希拉蕊在競選民主黨總統候選人時，有個小插曲很有啟發。

歐巴馬打的口號是「變革」（Change），而希拉蕊打的關鍵字是「經驗」（Experience）。希拉蕊強調說，歐巴馬就是個參議員，根本就沒有當總統的經驗；而我做過總統夫人，而且很多事就是我做的，我比他有經驗。

細想一下，兩人之間的區別就出來了：歐巴馬的注意力在民眾，希拉蕊卻盯住了歐巴馬的不足，不斷強調我比歐巴馬更有經驗。

所以有專家說：「希拉蕊的廣告語裡面，每投資一句廣告語都分了一半給歐巴馬，因為她的廣告語裡面有歐巴馬的名字。」

其實，當我們太關注如何抨擊對手時，往往意味著我們會不知不覺地跟著對手走。

你詆毀別人時，在旁觀者的眼裡，不管別人做得好不好，就算人家技不如你，最起碼你少了幾分雅量。

有大格局的人，面對競爭對手，會時刻懷有敬畏之心，懂得尊重每一個傾盡全力的對手，而不是像格局小的人那樣，伺機落井下石。

生活中，男人和男人之間，為事業前途明爭暗鬥；女人和女人之間，為愛情婚姻爭風吃醋；企業與企業之間更是使出渾身解數爭搶市場。可以說競爭無處不在，那麼，我們到底如何面對競爭對手呢？

我比較喜歡林肯的建議，他說：「消滅敵人最好的辦法就是把競爭對手變成自己的朋友，那麼我們或許真的能一勞永逸。」

在我看來，這是一個很高的境界，不是人人都能達到的，作為普通人，面對競爭對手，我認為有三種層次的心態：尊重、學習、合作。

第一層是：尊重。

就尊重對手來說，我覺得世界級拳王泰森做得相當好，他曾說：「假如沒有昔日的競爭對手，也就不會有今天的拳王。所以，感謝對手。」

感謝，其實就是對對手的一種尊重。

其實，對手本就是我們的一筆財富，因為對手會像鏡子一樣，將我們的缺點和不足暴露出來，更有利於我們砥礪前行。

第二層是：學習。

有一句話說得好：「一個好的朋友不如一個好的競爭對手。」

因為有競爭才有動力，有壓力才有動力，一個好的競爭對手，可以逼迫我們銳意進取，否則，就只能等著被吞併、被替代、被淘汰。

這個層面最典型的案例就是可口可樂公司與百事可樂這兩家公司了，多年以來，雙方都盯死了對方，只要對方一有新動作，另一方肯定也會有新花樣，結果是二者都有了長足的發展。

第三層是：合作。

許多人都把競爭對手視為心腹大患，是異己，是眼中釘、肉中刺，恨不得馬上除之而後快。其實，反過來仔細想一想便會發現，有些時候，競爭對手可以成為很好的合作者。

合作的前提就是找到雙方的共同利益。

當初，通用汽車和戴姆勒克萊斯勒都分別覬覦著油電混合動力型汽車這一快速成長的新市場，但是這兩個汽車龍頭又同時面臨著與豐田和本田的一場硬仗，豐田和本田都在早期進入該市場並處於領先地位。

因此，它們必須找到一種方法來加快產品開發的速度，以便在最短的時間內向市場推出具有競爭力的混合動力技術。

最後，它們選擇了合作。

這樣的案例有很多，像通用汽車和福特公司等，它們既是競爭對手，同時又是合作夥伴，一起肩並肩地開發新產品，分享新理念和新技術，合作開拓市場。

馬雲說過，人生要有大格局。格局大，人生未來的路才能寬，而你對競爭對手的態度，往往就暴露了你的格局。

反對你的人，才是你的貴人

有天下班後，專案經理小王一臉鬱悶地找我聊天。

他說有位同事總是反對他，好幾次還都是在公共場合，搞得他很沒面子。尤其是在本週的例會上，他新定的專案追蹤流程，原本已經得到小組成員的一致認同，那位同事卻堅決反對。

小王想請我幫忙，把這位同事調到其他專案小組。

那位同事在部門會議上，也喜歡發言，雖然有時觀點難免片面，卻是個有想法的人，所以我對他有點印象。

「他為什麼要反對你啊？」我問小王。

小王拿出會議紀錄，上面寫著那位同事反對他的原因，主要是針對小王新定的專案追蹤流程，提出了很多意見及調整建議。

坦白說，我覺得那位同事提的建議都很中肯，但小王明顯是不願意採納的，主要是因為自己的想法被否定了，有些惱怒。

「這傢伙確實不是第一次反對你了。」我先表達對小王的理解，然後假裝無意提起之前小王獲獎的一個提案：「我記得去年你獲獎的那個提案，初稿他就提出了很多不同觀點，後來你採納了一些，有些還成為你提案中非常出色的部分，我沒有記錯吧？」

小王頻頻點頭，承認那份提案能獲獎，多虧了那位同事的反對意見。他還很情不自禁地說了好幾件事情，都是得益於那位同事及時提出了不同的意見，事情的結局才更完美。

聊了四十多分鐘後，小王不好意思地說，細細想來，和很多只會一味地贊成他意見的同事相比，那位反對他的同事，反而對他支持更大。

哈佛大學教授約翰．科特認為，那些反對你的人，有可能才是真正最大限度能夠幫助你的人。

坦白說，我們都討厭被反對，「反對」讓我們很不爽。

然而，有時候「反對」的人只是在告訴我們一種不同的方式、方法，這些都會讓我們判斷得更加理性，做出正確選擇的機會也會增加，這才是對我們真正的支持。

我剛當部門主管的時候，最害怕下屬反對我，恰恰是因為這一點，讓我在職場上吃了不少苦頭。

有一次，在討論一場線下活動的執行方案時，有位男同事極力反對我的人員安排，他認為每個分會場應該有後備人員。

理由是：活動時間在週末，可能會有同事臨時有事無法準時參加。而我固執認為，所有參與人員已經全部確認會準時到場，再儲備人員簡直多此一舉。

當時我和他吵得很凶，最終，我堅決沒有採納他的建議。

結果，活動當天，有三個同事因為各種原因而無法到場，還是那位同事臨時召集人手補齊，才不至於影響活動效果。

後來我才知道，他曾獨自負責過好幾個類似的現場活動，有著非常豐富的經驗。

想來很多人都和曾經的我一樣，都希望自己的決定被人支持，因為被支持的感覺無疑是美好的，讓我們感受到認可和自身的價值，甚至感受到被愛和尊重。

可是，被反對的感覺雖然不好，有時卻更有利於我們將事情做好。

笛卡兒曾說：「反對的意見在兩方面對於我都有益，一方面是使我知道自己的錯誤，一方面是多數人看到的比一個人看到的更明白。」

而戴爾．卡內基在《人性的弱點》中也說過類似的話：「從反對你、批評你的人那裡，不是可以得到更多的教訓嗎？敵人對我們的看法比我們自己的觀點可能更接近事實。」

有人說，經常第一個相信你的是陌生人，第一個反對你的是最熟悉的人，第一個支持你的是普通朋友，第一個反對你的恰恰是摯愛親朋。

就像反對小王的那位同事，後來我單獨找他聊過，他內心是非常欣賞小王的。而且他還告訴我，他剛來公司的時候，小王作為主管給了他很多的幫助，所以他從來沒有想過真的反對自己的主管，他認為及時指出小王方案中的問題，是對小王工作最大的支持。

慶幸的是，小王及時領悟到了這一點，後來他們在工作中配合得非常有默契。

曾經的我，也因為沒有及時認識到這一點，在團隊管理中走過了一些彎路。有幾年，團隊中都是我說了算，雖然那種感覺很爽，但是團隊業績也始終平平。

當我意識到這一點，開始包容團隊中那些反對我的人，團隊的業績也開始有了好的轉變。
所以，請珍惜那些反對你的人吧！

你認為有哪些人生道理越早明白越好

漫漫人生路，總會錯幾步。

而如果我們懂得了本該懂的道理，是不是就不會錯過了那個愛的人；是不是就不會錯失了本該屬於自己的升職機會；是不是就不會在努力的時候選擇了安定……

有天晚上，同學群組裡格外熱鬧，有同學發了張國中畢業照，讓大家都情不自禁地回憶起剛畢業的時光。

有位男生說：「如果回到二十幾歲，我一定不會因為吃不了苦而選擇離開北京。」

說話的這位男同學，大學畢業後留在了北京，後來覺得工作辛苦、壓力大，於是回到新疆伊犁當了一名老師。現已婚生子，老婆剛懷了二胎，他當老師的收入，也僅能夠維持基本家用，年少那些遊走四方的夢想，徹底變成幻想了。

他的感慨引發了群組裡前所未有的大討論，大家的話題聚焦在「哪些事情越早醒悟越好呢？」

我們都知道，決定人一生命運的是心態、習慣、細節和機遇，而人生的最佳選擇時期就那麼幾個，有時候你錯過了，就真的錯過了。

隨著年齡越來越大，事業、婚姻、生活態度等這一切都已經定型，就不再那麼容易改變了。身為八〇後的我，今年整整三十五歲了，出生在甘肅農村，十歲那年全家遷到了新疆，然後在戈壁灘上度過了我的青春，二十歲的時候，我隻身一人到了黑龍江，開始了四年的大學生涯，二十四歲那一年畢業，我又是獨自一人南下深圳。而今，我擁有了穩定的工作和幸福的家庭。

在去年做年底總結的時候，我也一併反思了自己過去那些年走過的路，發現有些道理，如果我早點知道，或許我的人生要比如今的更加精彩。

我把自己這幾年的體會，總結為四個道理分享出來，包括我自己的一些做法，和大家共勉。

愛錢並不可恥

魯迅在〈娜拉走後怎樣〉這篇演講稿中說過這樣一句話：「自由不是錢所能買到的，但能夠為錢而賣掉。」可見錢對於我們來說有多麼重要。

遺憾的是，年輕的時候，大部分的人卻更喜歡談夢想和自由，反而覺得談錢太俗，甚至有些可恥。

我也不例外，或許是從小喜歡文學，我雖然一直缺錢，但卻對賺錢始終提不起興趣。

我舉個例子大家就能感受到了。

大學的時候，很多厲害的同學都在想辦法做生意賺錢，甚至兼職好幾份，而我，只是兼職做家教，最瘋狂的舉動也只是同時兼職了四份家教，賺夠了畢業找工作要花的錢，僅此而已。

錢不僅是我們生存的保障，某種程度上也代表著我們的自信和尊嚴，而且喜歡錢的人會更願意奮發圖強，最大限度地激發自己的聰明才智。

查理．芒格在當律師的時候也是二十多歲，因為賺的錢無法滿足家庭的開銷需求，他想要擁有比資深律師更多的收入，於是他開始尋求律師業務之外的投資。當他和華倫．巴菲特相識的時候，兩個人才會有那麼多共同的話題，也為此創造了一段金融界的佳話。

雖說巴菲特和查理的交集不單單是因為查理愛錢，但如果查理不愛錢，沒有賺錢的欲望，他們之間也不可能有那麼多的共同話題。

當然了，面對激烈的社會競爭，為了錢不擇手段，甚至無視法律法規的做法是不可取的。《胡雪巖全傳．平步青雲》說過：「君子愛財，取之有道。」孔子也說過：「富與貴，是人之所欲也，不以其道得之，不處也。」都是說，君子雖喜歡錢財，但是必須是正路來的。

有人說，金錢本身是一種社會符號，是可以衡量一個人的社會地位。因為只有當我們擁有了足夠的力量之後，才可以實現自己並幫助他人，否則，一切都是空談。

所以，從今天開始，大大方方地承認自己對金錢的渴望，開始自己人生的財富累積吧！

磨難並不可怕

有沒有覺得，大部分時候，你還沒有做好準備就被命運推著站在一個位置。比如你畢業就要找工作賺錢養活自己，比如你結婚了，就面臨著生孩子……

而正是因為很多時候我們都還沒有準備好，就被推到了生活的面前，所以難免會經受種種磨難，而面臨磨難，是迎頭而上還是消極應對，直接影響著一個人命運。

大學畢業後，我一個人從黑龍江坐火車到了深圳，住在二十幾個人合租的農民房（農村村民私人修建的房子）裡，每天早上八點上班，一直要工作到晚上十點，每個月的薪水除去日常開銷，全部存起來給正在讀書的妹妹們繳學費。

雖然那時為了替妹妹存學費，我必須要有一份穩定的工作，但是我心裡很清楚，我是絕不會滿足於永遠當一名普通職員的。我從來沒有停止看書，每個週末都會去書店聽一些講座，一邊努力做好手上的工作，一方面時刻在尋找更適合我的機會。一年後我選擇加入了現在的公司，又有幸參與了公司的一個新專案，直到見證了公司的上市。

這一路走來，最大的感觸是，我在面對現實給予的磨難時，內心依然有著強烈的成功欲望。換句話說，我經歷磨難時，時刻準備著要穿越磨難，鳳凰涅槃，而沒有陷入另外一種極端，那就是被殘酷的現實消磨了最初的熱情與銳氣，滿足於現狀。

以前我們常說，在困境中要堅韌不屈，這當然沒有任何問題，但另有一點是，在苦難之中，我們還要做好改變自己命運的準備，隨時聽從機遇的召喚。

選擇到更適宜成長的城市去

記得有位自媒體紅人在一篇文章中提到過，年輕人就應該去更有挑戰的城市裡生活和工作，因為二三線的城市，更像是溫室，最能弱化一個人的能力，限制一個人的發展。

越是輕鬆的環境，在其平靜的表面之下，其實隱藏著巨大的危機。

因為人很容易受到環境的影響，人的天性中本來就有喜愛安逸、享受舒適的惰性。許多少年時滿懷壯志、朝氣蓬勃的人，最後之所以一事無成，大部分都是因為在安逸的生活、工作環境中待久了，漸漸地失去了鬥志，缺少走出去為事業拚搏的勇氣。

前段時間回新疆休假，見了很多老同學，和其中一個要好的朋友聊天就能深切感受到環境對他的影響。他和我一樣，也是二十多歲大學畢業，不同的是他考上了當地的公務員，而我選擇到深圳打拚。

目前他雖也是結婚生子，有房有車，但整個人毫無活力，有種混日子的感覺。我建議他培養業務愛好，或者繼續進修，他說自己已經沒有那個勇氣了，懶得忙。因為身邊的人都是那樣生活，他也沒有覺得有什麼不妥。

環境可以塑造一個人，也可以毀滅一個人。

當你對現在所處的環境不滿意，與其不斷地抱怨壞環境，不如主動選擇適宜成長的環境，不斷創造有利於自己的條件。

眼高手低要不得

前幾天有個一九九四年出生的男孩面試專案經理的職位，由於之前的一份工作只做了兩個月，於是我特別問了一下他離職的原因。

他說因為在團隊中，他就是打雜的，每天就做點填寫專案進度表、做會議紀錄等瑣碎的事情，沒意思。我問他希望找一份什麼樣的工作呢？他說，要找一份有挑戰性的工作。

再問他，具體來說，什麼樣的工作他會認為有挑戰性呢？他居然聳聳肩，告訴我得試了才知道。

帶團隊以來，這類面試者我見過很多，都有個通病，就是認為自己很厲害，但是又不願意腳踏實地付出，這是很多年輕人最容易犯的錯誤。

你沒有經驗不被人重視很正常，比別人工作時間長一點，甚至做點打雜的話也在情理之中。這種時候需要暫時降低一下自己的事業野心，腳踏實地，做好一個普通人的普通事，這樣才會更快地完成經驗的累積，或許會發現許多意想不到的機會。

生活中那些好高騖遠、不肯腳踏實地從小事做起的人，永遠都無法完成自己的原始積累，結果只能是離目標越來越遠。

九層之台，起於壘土；不集小流，無以成江河。我們無論做什麼事情，都是由點點滴滴的經驗、點點滴滴的努力匯集而成的。

如果事與願違，請相信命運一定另有安排

電視劇《那年花開月正圓》，主要講了女主周瑩的經歷，一個無父無母、行走江湖的小騙子，轉眼變成了赫赫有名的吳家東院少奶奶。

起初她被養父賣入沈府，是為了騙幾兩銀子，打算做一段時間就乘機逃跑，誰知誤打誤撞治好了二少爺沈星移的傷，她故意向二少爺提出「要吃好喝好穿好還不用幹活」的無理要求，目的是希望自己被趕出府，沒想到二少爺居然答應了，於是她就只能陪這位二少爺吃喝玩樂。

後來二少爺指名要周瑩做通房丫鬟，周瑩誓死不從，被暴打後躲在了吳聘少爺的轎子裡逃回了吳家東院，後來又趕上了吳少爺命懸一線，吳家娶親沖喜，新娘臨時變卦，周瑩主動鑽到了迎親的轎子裡，從此她的命運就徹底發生了改變。

這些故事聽起來，似乎都是電視劇為了情節的發展設定的，一切都是那麼的巧合。

但仔細想一想，這樣的故事在你和我的世界裡也是經常上演，小到你起晚錯過了公車卻偶遇了開車的同事，於是搭了一次免費的順風車，大到你不幸被列入了裁員的名單，卻被另外一家更厲害的公司委以重任。

每一次所謂的機緣巧合，對周瑩而言，對你我而言，看起來都是事與願違，而結局不一定都

是壞的，很多時候反而比我們期望中的結局要好很多，正所謂如果事與願違，請相信命運一定另有安排。

當然了，命運的安排我們是無法左右的，但我們可以決定在命運還沒有做出安排之前，如何度過眼下的每一分每一秒，也就是我們可以把控如何度過這個等待的過程。

白岩松在《愛你現在的時光》中說過這樣一句話：「我從功利的角度告訴你，你越在乎過程，你越擁有一個完美的過程，你的結局越有可能不錯。」可見我們正在經歷的過程對於結局有多麼的重要。

那麼如何度過這個過程呢？泰戈爾的這句話告訴了我們答案：「你今天受的苦，吃的虧，擔的責，扛的罪，忍的痛，到最後都會變成光，照亮你的路。」

當我們很清楚自己想要什麼，哪怕距離夢想很遠，也唯有努力認真過好眼前的每一天，才有可能拉近和夢想的距離；如果怨天尤人，只能距離夢想越來越遠，就真正是事與願違了。

小劉的夢想是成為一名優秀的記者，中文系畢業後，面試被拒絕無數次，他最終選擇了服從家人的安排，進了當地政府做一名小職員。

其實工作也是和文字打交道，而且當地人對會寫文章的人很看重，科長尤其喜歡他這個科班出身的專業人才，幾乎重要的資料都安排他寫。

原本他應該感恩遇到一個器重自己的主管，而小劉反而覺得主管水準太低，派給他的工作都看不上眼，什麼演講稿，什麼婦女工作會議總結……

在他看來，這些都不值得他動筆。一來二往，主管就把工作派給了另外一個人。

後來當地報社要從政府相關部門挑選一名文筆好的職員調入報社當記者，專門負責政府類新聞，他想要報名的時候才發現，自己沒有幾篇能拿得出手的文章，自然眼睜睜看著這樣的機會落入他人之手。

就像李宮俊在《李宮俊的詩》中所說的一樣：「沒有命中註定的結局，只有不夠努力的過程。」

過程不努力，結局就真的註定了，而且肯定是讓我們事與願違的結局。

在我們成長的路上，追求事業也罷，追求愛情也好，難免遭遇困境和不解。當困難來臨，不要自怨自艾，更不要怨天尤人，也不要只看在一時，而是選擇樂觀、奮鬥，往往在過後某一時刻會突然覺得，這一切都是最好的安排。

唐嫣在電視劇《克拉戀人》中扮演的胖女孩米美麗，愛上了堪稱「高富帥」通靈總裁蕭亮，劇中的米美麗體重一百多公斤，雖然工作能力出眾，但是也只是默默在幕後寫提案的小職員，所有人都覺得她愛上高高在上的蕭亮是痴心妄想，都勸她放棄，但她透過自己的努力，最終讓蕭亮愛上了自己。

最關鍵的一點就是她始終都沒有放棄努力，努力讓自己在工作上變得更加專業，努力靠近蕭亮。當然也有人說後來蕭亮愛上她，是因為她在一場車禍後整形變成美女了，但不可否認的是，如果沒有米美麗始終堅持認真對待當下，提升自己各方面的能力，就算她變成了美女，蕭亮也不會對她動心。

白落梅在《你是錦瑟，我為流年》中有這樣一句話我很喜歡：「人生路途上，每個章節，每個片段，都至關重要。任何一個細節，有了微小的改變，都將重寫所有的過程和結局。」

米美麗的結局是終於如願以償地讓蕭亮愛上了自己，周瑩的結局是和善良的吳聘結為夫妻，並且從此走上了經商的道路，人生的格局有了大大的提升，而這些都是因為她們都堅持過好當下，既然那些所謂的事與願違都是我們不想要的，但當事情已然發生，唯有過好當下，才有可能扭轉結局。

年輕作家李泓業在〈我們為什麼活著〉一文中說過：「若是還不清楚自己想要什麼，那麼就先努力認真地過好眼前的每一天，對自己生命的精彩程度負起責任，不要枉費了這一生。」

其實，很多時候我們都還不清楚自己想要什麼，唯有走到生命的那一個階段，就喜歡那一段時光，完成那一階段該完成的職責，順生而行，不沉迷過去，不狂熱地期待著未來。

因為上天不會無緣無故做出莫名其妙的決定，它讓你放棄和等待，是為了給你最好的。

如果事與願違，請相信這一切都是最好的安排！

做自己擅長的事情更容易成功

躺在床上滑手機，網路上的兩筆熱門搜尋吸引了我。一筆是牧民靠撿羊糞月入上萬人民幣，另外一筆是打工仔回鄉養小龍蝦，自稱年收入兩百萬人民幣。

說實話，這樣的新聞幾乎每天都有，什麼大媽賣煎餅果子月入三萬人民幣，還有去年的北大才子放棄高薪回家養豬月入十萬人民幣，我都有點免疫了。

但在看網友留言的時候，發現一個很有趣的現象，很多網友都不約而同地在感慨，杜拜的瓶子還沒有撿夠機票錢，煎餅果子還沒有學會做呢，又要騙我去撿羊糞，還沒有開始學撿羊糞呢，又誤導我要去養小龍蝦。

雖說是調侃，但暴露出了一個問題，那就是當我們羨慕別人撿羊糞、養小龍蝦月入上萬人民幣時，其實自己並不擅長做這件事情，還得現學。

就說撿羊糞的牧民馬生才，人家是當地土生土長的牧民，能想出將羊糞變成工藝品是由於他對羊糞非常熟悉，對於從來沒有見過羊糞的人來說，別說做工藝品了，猜想根本不會想到羊糞。

年收入兩百萬人民幣的養蝦大王余曉東是回鄉創業，他本來就是農村人，對於養小龍蝦是不陌生的。

對於這類新聞事件本身，我不想做太多的評判。

我想說的是，無論別人一個月賺了多少錢，我們在羨慕的同時，要冷靜地想一想：你擅長做那些事情嗎？真有機會讓你去從事那些工作，你能做好嗎？

德國一位鋼鐵大王曾說過：「我之所以成功，不是因為我最努力，而是因為我只做自己最擅長的事情。」

的確，無論做任何工作，要達到一定的專業水準，都需要量的累積。

如果在你不擅長的領域，你在學習的同時別人也在累積，你們之間的差距就會越來越大，最終很有可能被迫出局。

相反的，如果你在自己熟悉和擅長的領域不深入，量變到質變，反而容易勝出。

其實，人生就是一個不斷選擇的過程，尤其在這個快速發展和極為開放包容的大環境下，我們每個人都可以選擇做自己喜歡的事情。

當然你也可以選擇做自己不擅長的事，但如果你想要成功，就應該做自己擅長的事情。

奧古斯特·泰森的故事就證明了這一點。

他最初的夢想是成為一個文學家，於是他結交文學界的朋友，讀書、寫作，但三年過去了，他在文學上依然沒有任何建樹。

一些文學界朋友都建議他最好嘗試另外一件擅長的事。

無奈之下，他只好試著經商。結果在經商過程中，他發現自己在經商和管理上非常有天賦。

同樣的生意，他總是能比別人賺到更多的錢。尤其是在經濟蕭條，別人的生意都受到衝擊時，他依然可以將生意做得更大，最後帶領自己的公司成長為鋼鐵帝國。

對於寫作和經商，奧古斯特．泰森同樣都很努力，但由於寫作僅僅是他的愛好卻並不擅長，而經商是他擅長的，因而產生的結果也完全不一樣。

如果留意那些在自己的領域裡有很高成就的人和企業，會發現他們都有一個共同的特徵：所做的都是自己擅長的事情。

百度的李彥宏就曾在公開場合稱，自己成功的祕訣就是堅持做自己喜歡並且擅長的事情。他從未離開自己擅長的領域。

百度在二〇〇五年上市後，就不斷有人來勸他跨足網路遊戲，因為那時網遊在中國非常熱門，但他堅持拒絕，理由就是那不是百度所擅長的。

當然他也不是完全放棄了網遊市場，而是繼續發揮自己擅長的專業優勢，為網遊廠商提供了一個推廣平台，就是後來的百度遊戲頻道。

企業發展如此，個人發展亦如此。任何時候，堅持在自己熟悉的領域深耕，成功的機率將會大於你的預料。

有調查顯示，有二五％的人正是因為找到自己最擅長的領域，才將自己的專長發揮得淋漓盡致，得以掌握自己的命運；而另外七五％的人，不知道自己擅長什麼，沒有找到適合自己的職業和領域，所以終生一事無成。

為什麼會出現這樣的現象呢？

原來在經濟學中是可以找到原理的，那就是「擅長」可以降低我們成功的成本，為我們帶來更大的成功機率，主要從以下兩個方面來考慮：

從機會成本角度來說，如果你做出一個選擇，你就必須放棄其他的選擇。

但是，每放棄一個選擇，都會產生機會成本。如果你選擇擅長的事情，放棄的機會成本是最小的，獲得的利益就是最大的。

從效率原則角度來說，比如你擅長寫作，不擅長銷售產品，那你寫作的效率肯定會高於你銷售產品的效率。

因為做擅長的事情，你更得心應手，也不會浪費過多的努力和付出。

朋友小萌是一名小學老師，工作時間比較自由，所以她業餘時間透過社交平台賣面膜，生意一直很好。

前不久忽然決定要學習寫作，因為她聽說很多寫文章厲害的人，都月入十萬人民幣了。

「寫文章多好呀，既輕鬆又地位高，比我賣面膜好多了。」我勸小萌不要盲目選擇，畢竟我覺得她耐心仔細，在社交平台賣面膜口碑很好，但她寫作基礎太差，不一定能賺到那麼多的錢。

但她一意孤行，報了培訓班，然後就開始熱情滿滿地寫了起來，起初見她每週都有幾篇文章發在社群動態，再後來就沒有下文了。

前幾天問她，她說，覺得還是賣面膜好。

「發發面膜的圖片就能有錢賺，寫了幾個月文章了，一分錢稿費都沒有。」

小萌還抱怨說，為了寫文章，她中斷了在社交平台賣面膜，好多客戶都流失了。

其實小萌因為熱衷於研究美容，瞭解很多皮膚保養方面的知識，她銷售面膜，客戶都非常信任她，因為那是她擅長的，所以一直做得很好。

有人說，判斷一個人能否成功，主要是看他是不是能堅持做自己擅長的事情。

雖然說一個人想獲得成功，涉及的因素有很多，有機遇、環境、心態、努力等，但做自己擅長的事情，可以大大提高我們成功的機率。

當然了，一個人擅長做的事情不會是一成不變的，隨著自己閱歷的增加和不斷的學習，原本不擅長的領域或許就會變成擅長的領域了。

查理·芒格做投資就秉持著只投資自己擅長的領域這個原則，但他涉獵的領域其實是非常多的，這都得益於他的堅持學習，不斷探索新的行業。

所以，當你面臨選擇的時候，記得問問自己：你要去做的事情是你擅長的嗎？

定型心態正在悄悄「謀殺」你

你如何思考一件事，決定了你能獲得多高的成就。

有種現象很普遍，就是面對同一件事情，不同的兩個人會做出截然不同的選擇。

朋友李軍和王漢就有過這樣的經歷。

大學畢業後，兩人同時被招聘到一家上市公司當儲備幹部，具體工作是銷售人員。工作第二年，恰好碰上一個區域負責人突然離職，公司要從儲備幹部中選派接班人。

王漢主動請纓前去負責，而李軍選擇了繼續留在總部做銷售工作。

我記得很清楚，當時王漢和李軍的程度是相當的，但李軍擔心自己能力不夠無法勝任，不敢嘗試，錯失了那次機會，而王漢相信自己可以透過學習具備那個能力，選擇了抓住機會。

現在李軍還在那家公司做銷售工作，而王漢的企業已經擁有一百多位員工了。

看起來，李軍是因為錯過那次機會而導致了今天的局面，但其實，是他的定型心態限制了他的發展，他認為自己當下的能力不行，卻沒有想到能力透過學習是可以提升的。

這也是為什麼這麼多年，他始終都是一個普通銷售人員的根本原因，因為他認為能力是固定的，所以就不會去歸納學習方法，不屑於努力，自然也不會獲得成長。

而王漢和他恰恰相反，他認為能力是可以透過學習培養的，是成長型的心態。

第一次知道「成長心態」這個概念，是透過史丹佛大學心理學教授卡蘿．杜維克的《心態致勝：全新成功心理學》這本書。

書中說，與具有定型心態的人相比，成長心態的人會把更多的精力放在學習上，所以有助於人們提升能力和獲得更高的成就。

有人說，你怎麼思考一件事，決定你的人生軌跡。

而在生活中，你如何思考一件事，決定了你的職場發展格局。

生活中，做錯事或者遇到困難是常有的事，擁有定型心態的人，會因此而否定自己，覺得自己很傻，充滿負能量，有的人甚至從此一蹶不振。

而成長心態的人面對失敗和挫折，首先想到的就是努力找到解決問題的方案，繼而從中學習，不斷提升能力。

奇異公司ＣＥＯ傑克．威爾許就是成長心態的典型代表。

在一九八六年，奇異收購了華爾街一家投資金融公司——吉德爾皮博公司，不久，該公司曝出非法交易醜聞。

幾年後同樣的事情再次發生，公司證券交易人約瑟夫．傑特為提高個人收入，製造了涉案金額上億美元的虛假交易。

奇異公司ＣＥＯ傑克．威爾許親自打電話給公司的十四名高階管理人員，告訴他們這個壞消息的同時，並進行了相應的道歉。

公司出了這種事情，傑克．威爾許沒有沉浸在抱怨和悲痛中，而是積極地尋找解決辦法，這就是成長心態在職場中最直接的表現。

定型心態的人，不太容易面對做錯事的事實，更無法面對事實背後那個失敗的自己，而擁有成長心態的人，會把這些挫折和打擊當成學習的機會，始終保持著提升自己的熱情。

擁有成長心態的人，不但不會被生活中的困難嚇倒，反而會越挫越勇。

仔細觀察你就會發現，在生活中，擁有成長心態的人是一直在向前不斷發展的，他們看待世界的眼光也不一樣。

前幾天一位在網路上認識的朋友告訴我她離職了，開了自己的烘焙工作室。知道這個消息後，我一點也不驚訝。在我看來，她本就是一個有著長遠規畫的人，她做任何選擇我都可以理解。

她本職工作是一家上市公司的總經理助理，前幾年開始流行「斜槓青年」說法的時候，她就和我說，預感將來的職業發展會發生很大的變化，她要提前儲備技能。

當同事們都去喝酒唱歌時，她在烘焙班進修，當同事為了加班費而選擇放棄假期時，她的業餘收入已經比薪水還高了。

而今她開了自己的烘焙工作室，又開始學習插花。她說，將來要為自己烘焙的學員提供插花的培訓。

這位朋友就是典型的成長心態，所以她看待世界的眼光是動態的，能看到世界的發展和變化，不會只看到眼前的利益。

有句話我很喜歡，大意是說，用不同的眼光看世界，你會看見世界不同的一面，換一個角度看人生，你會看見人生美好的一面。而不同的眼光和角度，都取決於你以什麼樣的心態來看待這個世界，而背後支撐心態的，是你的思考方式。

在定型心態的人眼裡，當下的一切都會是固定不變的，包括自己的工作，而在成長心態的人看來，自己的工作可能會調整，也可能會消失不見。

擁有成長心態的人，會在變化到來時從容應對，而那些定型心態的人，面對任何變化都會覺得很受傷。

生活中很多人都是定型心態，我也不例外。

慶幸的是，這個心態是可以調整的，而且無數事實證明，很多成長心態都是從定型心態轉變而來的。

那麼，如何才能從定型心態轉變到成長心態呢？

基於《心態致勝》這本書中介紹的方法，結合我的經驗，我認為有三個步驟：

第一步：接受你是定型心態。

這一步是最難的，因為人都不願意承認自己不好的一面。

以我自己為例，我一度認為，只要努力做好本職工作，就能升職加薪，所以職場十年，我都是這樣做的。

事實是，你不主動要求，公司幾乎不會主動幫你加薪。

所以，當我意識到這一點，我首先承認自己是定型心態的人，這樣才會更願意去調整自己的思考方式。

第二步：找到導致自己是定型心態的原因。

任何一種認知都不會是忽然產生的，所以一定要找到問題的源頭。

關於我不善於爭取加薪這點，原來是因為從小媽媽就是這樣教育我的，讓我上班以後聽老闆的話，好好做事，不要跟老闆提要求。

但顯然媽媽的觀點已經不適應當代社會了。

當我找到原因，改變的動力會更足一些。

第三步：勇敢地改變。

蛻變是很困難的，尤其是擁有根深蒂固的定型心態的人。

所以轉變之初會很痛苦的，但一旦轉變成功，將一生受益。

當然了，就算完成了轉變，我們每個人身上依然會同時存在著定型心態和成長心態。

所以，我們要時刻提醒自己，多些成長心態，少些定型心態，才能獲得更高的成就，堅持終身成長，也會擁有更加精彩的人生。

請不要把別人的善良當作理所應當

道德綁架後，善良也會變質

之前，「古天樂被粉絲求借一百萬人民幣」的新聞很紅，引發了網友們的大熱議。

據說古天樂在香港出席某活動，活動快將結束時，有一名女粉絲拿著寫著「求恩」的字幅站在二樓，字幅上內容指其父親患病，希望古天樂借一百萬人民幣給她。

她哭喊著如果古天樂不願借她一百萬人民幣的話，自己絕對是不會回去的，乾脆死了一了百了。

這次網友們很難得地都表示支持古天樂，大部分網友們也都表示了對該女孩子行為的不滿，紛紛發表言論進行譴責。

在留言中，出現頻率最高的就是「道德綁架」。

眾所周知，出生在香港的古天樂一直致力於公益事業，但不願宣揚。他捐獻的希望小學已經超過百所，被網友稱為「只有太陽才能黑的男人」。

這件事情發生時，古天樂並不知情。

當記者解釋情況後，他坦言很危險，還提到他們公司時不時都會收到類似個案，有時會擔心，但又怕是騙案，會先瞭解清楚，如果屬實的話會處理。

由此可見，古天樂真的很善良，也非常熱心，或許這個粉絲之所以找他借錢，也是因為看上了他的善良。

但不能因為他經常做善事，粉絲就可以這樣耍流氓要借錢？就算古天樂有再多的錢，也是人家辛辛苦苦賺來的。

但人有時候就是這麼奇怪，你越是善良，這個世界上就會有一些人把你的善良當作理所應當，甚至不惜用道德綁架你。

但道德是發自內心的，不是被強迫的，被「綁架」後的道德，顯然已經變質了。

還記得二〇〇八年五月汶川地震，捐了人民幣五十萬元的姚明和劉翔都引起了網友的不滿，大家認為他們所捐數目和身分不符。

迫於輿論壓力，最後劉翔又追加捐款人民幣一百萬元，姚明在美國向中國紅十字會外幣帳戶再次捐款二十一萬四千美元。

我們無法知曉姚明和劉翔的心情，但想來被「綁架」後獻出的愛心，應該已經變了味道。

其實，善良和金錢原本無法畫上等號，幫你是情分，不幫是本分，但道德綁架讓人們的善心太累了，也會變了質。

你習慣性善良，他們就會更加理所應當

有人說，人不可太善良，也別太大方，因為你總是那樣，時間久了，你身邊的人就會覺得，你所做的一切都是應該的。

事實的確如此。

還記得很早之前我看過一個這樣的故事：

A每次自己有雞蛋都分給B吃。

一開始B很感謝，久而久之便習慣了。習慣久了，便成理所當然了。

於是，直到有一天，A將雞蛋給了C，B就不爽了。

他或許忘記了這個雞蛋本來就是A的，A想給誰都可以。

像A這樣的就是典型的習慣性善良，這樣的人在生活中往往對人都很熱心，但卻不見得能夠受到同樣善良的回報，還往往容易受傷害。

在電影《芳華》中，劉峰就是一個善良的人。

他會因為老鄉吃不慣北方餃子，就為他煮一碗麵條。他也會因為煮爛了的餃子沒人吃，全部自己吃掉。

隊裡的豬跑了，他馬上放下手裡正在吃飯的碗，毫無怨言地去幫忙尋找。甚至就連隊友結婚買不起沙發，他都會自己買材料，親自為他打造了一對沙發。

他是那麼善良，以至於身邊的人都覺得這是理所當然的。所以，當他因為喜歡林丁丁，沒

有控制住自己的感情抱了一下林丁丁，就被林丁丁誣陷，從而被下放連隊，開始了他悲劇的後半生。

很多觀眾說，其實，在大家眼中，劉峰更像是一個不食人間煙火的神仙，大家也漸漸地將他的好當成了一種習慣，似乎他做的這一切都是應該的。

所以，他這輩子只能當一個好人，不應該有女朋友，更不應該結婚。

這或許就是善良的人最大的悲哀吧，因為你善良，所以你只能為別人活。

當然了，其實把別人的善良當作理所當然，這才是接受別人幫助的人的悲哀。不管怎麼說，那些習慣性善良的人，他們所有的付出都容易被看作是理所應當的。

讓我想起東野圭吾在書中說過這樣一段話：「即使是善良的人，也不能什麼時候，向誰都顯示出來善良。得到那個，就得不到這個。都是這樣的事。要選擇這個就要捨棄那個，如此反覆，這就是人生。」

是啊，當我們始終展現出善良，太過遷就別人，別人就會變本加厲地為難你；太過忍讓別人，人就會得寸進尺地傷害你。

因為在我們的生活中總有那麼一些人，認為幫他是理所當然，不幫他就是自私自利。

所以，永遠不要讓自己的善良傷害到自己，也永遠不要把自己放到聖人的位置上，不然別人會以聖人的標準來要求你。

面對道德綁架，學會適當的拒絕很重要

沒有人說過，為了善良就可以不管是非，面對道德綁架，我們要學會拒絕。

杭州的黃女士就為我們做了一個表率。

某一天，她開車撞到了一個開電動三輪車的男孩。

發生碰撞後，BMW左前車燈外殼破碎，車燈部位是整套的，全要更換，黃女士詢問修車廠，對方報價人民幣一萬三千多元。

由於開三輪車的年輕人只有十五歲，他哥哥王某十八歲，是圓通快遞員，經濟狀況都不好，黃女士就做了讓步，協商後決定去修理廠維修，要花費人民幣四千元，兄弟倆當時同意賠償。

結果，當黃女士自費把車燈修好，約定賠償的日期到了，年輕人又變卦不肯賠了。

而且，還對黃女士說，你這麼有錢，你也不差這一點錢，為什麼一定要讓我賠，而且說上次撞了保時捷都沒有賠這麼多，你為什麼讓我賠這麼多。

黃女士並沒有因為男孩子「哭窮」而就此放過他，她說，我也可以不要求他賠償，但是犯了錯誤後，以「我窮、我生活不容易，就不應該問我要賠償」當藉口，這讓我很氣憤。

她透過法律途徑，媒體曝光，讓更多的人知道，不能道德綁架。

的確，我們承認有些時候弱者的確需要同情，但這不是他們可以道德綁架別人的理由。

就比如這個撞壞了黃女士BMW車的十五歲的小男生，人民幣一萬三千元的維修費對他來說的確很多，所以黃女士選擇了去修車廠修車，只花了人民幣四千元，這已經是她的善良表現了，

而那個男生不應該因為黃女士有錢就以此為由不賠償。

當我們遇到道德綁架，要像黃女士一樣懂得區分並且學會適當的拒絕。

善良是自己的選擇

我一直覺得，善良是自己的事，你幫了人，自己心安，在道德上其實並沒有比別人高出多少。所以我很不喜歡道德綁架式的善良，比如逼著你幫忙轉發社群動態，說什麼不轉發就是麻木，強迫你捐款，不捐就是沒良心、沒道德。

對於這種喜歡道德綁架的人，我都是躲得遠遠的。

那些喜歡道德綁架的人，其實內心對自己也是不尊重和不珍惜的。

但無論有沒有人感激過你的善良，你依然要選擇做一個內心善良的人。

因為選擇做什麼樣的人，是為了自己，不是因為別人。

德蕾莎修女創辦「棄嬰之家」和「痲風病之家」為無數的人帶來了新的光明。被譽為「最美的女神」，榮獲了諾貝爾和平獎，也獲得了印度政府頒發的全國最高榮譽獎，但她的那份善良且溫柔的心，是獨屬於德蕾莎修女自己的。

無論生活給了你多少的磨難，抑或你在人生成長的道路上，見慣了太多的「人走茶涼」，都請一定要善良。

最重要的是，要學會自由切換和選擇，千萬不要讓你的善良，被別人當作理所應當。

儀式感，是生活的一劑良藥

生活是需要一些儀式感的，這不是矯情，而是我們對生活的熱愛，對幸福的敏感，也會讓我們更用心地對待生活裡看似無趣的事情。

羅振宇在二〇一八年的跨年演講中說了這樣一句話，深深地觸動了我。他說，我心裡明白得很，你們來這裡，哪裡是聽什麼跨年演講，你們是以一種特別的方式來度過自己的二〇一七，為自己的人生樹立一個和週邊其他人不太一樣的界碑。

隔著手機螢幕，我聽到了現場的笑聲，我也笑了，因為他說的是實話。

而羅振宇提到的「特別的方式」，在我看來就是生活中的儀式感。

《小王子》中的狐狸認為儀式感就是使某一天與其他日子不同，使某一時刻與其他時刻不同。

羅振宇的那句話和小狐狸的說法如出一轍。

隨著時間的流逝，我們的生活進入了「死水微瀾」的狀態，婚姻不痛不癢，工作千篇一律，家務事永遠做不完……而肩上的責任卻越來越重，生活的壓力越來越大，於是有人選擇了將就，屈服於生活。

儀式感就如一劑春藥，會為我們原本波瀾不驚的生活注入新的力量和活力。

比如，被賦予了儀式感的跨年，就會讓原本極為普通的一個日期變得更有意義，也更有幸福感。

我的朋友陳女士一家，全家每年的十二月三十一日，都在杭州大劇院跨年，這是他們全家的儀式感。

其實，儀式感就是放大了平時被忽略的那些感動，將平日裡的麻木化為了心靈的觸動。

儀式感對我們每個人都很重要，能夠讓我們繼續堅持枯燥的生活，熬過苦難，能夠在遇到變故、彷徨無助的時候，給予我們強大的希望。

儀式感，就是生活給我們的一劑良藥，讓我們在為生活奔波時，依然保留一個詩意的、浪漫的遠方。

有人說，當我們完成一種儀式，很容易就會從一種情緒轉化成另外一種情緒，我深以為然。因為就算是一件極平常的小事，帶著儀式感去做，也能夠對抗生活中的消極因素。

小梅最心愛的小狗死了，抱著死去的小狗，她號啕大哭。

她兒子也哭了，鑽到她的懷裡說：「媽媽，讓我們替這隻可愛的小狗，舉辦一個葬禮吧。」八歲兒子的一句話，讓她找到了宣洩悲傷的出口。

她找到一個漂亮的盒子，把小狗裝進去，又開車找到一片空地，挖了一個坑，把小狗埋掉，立上了一個碑，還買了一束自己最喜歡的百合花，放在小狗的墓碑前。

「當我做完這一切，悲傷的心情忽然就不見了。」小梅說，她很感激兒子的這個提議，讓她儘早從小狗離開的悲傷中走了出來。

村上春樹說，儀式是一件很重要的事情。而我也越發覺得，對於處於悲傷情緒中的人來說，儀式感是一個非常好的情緒轉化的方式。

三毛曾經對一個自卑痛苦的女孩說，別去管自己有多麼悲傷，你立即買束喜歡的鮮花擱在書桌上，然後，替你的檯燈換一個漂亮的燈罩、鋪上粉粉的床單……做完這些，你就會發現心情好多了。

的確如此，當我們沉浸在一個又一個簡單的儀式時，無形之中就將生活變有趣了，這會悄無聲息地化解掉漫長人生裡的紛繁和苦澀。

一個簡單的儀式，就可以拯救生活中的雞零狗碎，讓我們找到最初的美好，更重要的是，重視儀式感，會讓我們把每件事都做成值得回味的「紀念版」。

我朋友曉曉，她簡直就是一個儀式控，對儀式感的熱愛，到了痴迷的地步。她也是朋友中幸福感最強的一個人。

她說，一個人也要慢慢地品咖啡，遇到節日一定要好好地慶祝，這些儀式很美好，會讓她感覺到生活充滿了期待，再大的悲傷也會被立刻消化掉。

最重要的是，她認為自己對於生活的付出，值得莊重地對待自己。

第一次領到薪水，她獎勵自己到一家心儀已久的義大利餐廳吃了頓晚餐。

她模仿奧黛麗．赫本的經典影片《第凡內早餐》裡的荷莉，穿上了僅有的一件黑色小禮服，帶上了最值錢的首飾，化了淡妝，然後選擇了一個靠窗的位置，開始了一個人的盛宴。

慢慢品嘗著開胃菜、牛排、沙拉、甜品……最後，點了一杯最喜歡的咖啡，窩在溫暖的沙發裡，隨著舒緩的音樂放空了自己的思想。

這幾年，生活中的每次變化，她都會慶祝，有時是和閨密逛街，有時在家裡為自己做飯，具體做什麼其實不是最重要的，重要的是這種帶著慶祝的心情獨一無二。

而仔細觀察就不難發現，身邊那些做事有儀式感的人，總是比不重視儀式感的人活得更有興致，做事更有熱情。

其實，每個人的人生都是不可控制的，把一些事情賦予了儀式感，就可以為自己點亮一盞燈，讓我們由內而外地散發能量和底氣。

當然了，儀式感也不能確保讓我們的生活每天都充滿快樂，但就是因為這種儀式感，我們在內心深處才能感受到溫暖向上的力量，並以此作為人生路上的一個又一個里程碑。

也唯有此，我們做的每件事，過的每一天都會更加精緻和有意義。

于丹認為，與古人相比，今天中國人的生活方式似乎少了一些情趣，生活節奏越來越快，生命中越來越缺乏儀式感。沒有儀式感，人生就不莊嚴，心就不安靜。

的確如此。

古人「沐浴焚香，撫琴賞菊」，就連我們小時候的春節，也是充滿儀式感的，備年貨、放炮、穿新衣、拜年……

這些儀式感背後其實隱藏著我們對生活深深的熱愛，也正是這些儀式感，讓我們的生活變得更活色生香。

所以，無論生活多麼喧囂和雜亂，都請慢下腳步，為它加入一點儀式感，這會讓我們蒼白的生活光華熠熠。

什麼才是對父母最好的孝順？這是我聽過最好的答案

我幫妹妹買了點營養品，準備帶到公司快遞出去。

媽媽看見了，說：「你那麼忙，我幫你去快遞吧。」

「這個忙你幫不了，因為快遞公司要求在網路帳號裡面填寫郵寄資訊。」我順嘴說。

「這樣啊……」然後，媽媽半天沒有再說話。

我回頭看了一眼媽媽，剛才還笑咪咪的，忽然表情有些僵硬，寫滿了失落。

我瞬間就意識到自己說錯話了，我用一些她聽不懂的詞語拒絕她。她聽後會認為自己真沒用，連這點忙都幫不上孩子。

不知道從哪一天開始，逐漸年老的父母，開始面對一個揪心的事實：他們越來越沒用了。我們工作上的事情，他們聽不懂，自然也給不了建議；媽媽做的菜，被我們嫌棄熱量太高、太油膩……甚至，他們還常常幫倒忙，替孩子添亂。

前幾天深圳降溫，我有一件大衣找不到了，翻箱倒櫃了好幾天都沒有找到。

無意中問起媽媽，她說幫我收起來了。

「大衣不能那麼放的，直接掛衣櫃就可以了。」當我看見大衣疊得整整齊齊，壓在很多衣服下面時，我氣壞了。

大衣前段時間乾洗過了，準備天變冷了直接穿，媽媽居然幫我疊起來了，變得皺巴巴的。「跟你說過，我的衣服你不用幫忙收拾……」一氣之下，我沒有控制住自己的情緒，抱怨了一大堆。

起初媽媽還向我解釋，隨著我不停地抱怨，她解釋的聲音越來越少，最後不說話了。當我以勝利者的心態看她時，我注意到媽媽手足無措的樣子，像極了小時候做錯事情的我，有些懊悔，更多的是惶恐，我的心緊了一下。

有人說，孩子長大的過程，其實是父母「作用」逐步減弱的過程，從嗷嗷待哺的嬰兒，到逐漸成長到能自我照顧，再到後來的經濟獨立。我們強大了，父母的作用也衰退了。

我們常說，父母是一把傘，為我們遮擋風雨，事實上，成年以後，我們早已在心中與父母調換了位置，我們化身為傘，想要為父母遮風擋雨。

我們卻忽略了，無論我們長多大，即使皺紋爬滿額頭，在父母的眼中，我們永遠是他們的孩子，他們永遠擔心我們吃不好、被壞人騙……他們時刻準備著，為了保護我們挺身而出。

但我們是怎麼做的呢？

打斷他們的勸告，忽視他們的建議，違背他們的意願，甚至拒絕他們的關心。這有意無意地告訴他們，你們已經沒用了。

聽起來是不是很殘忍？但你和我，幾乎每天都在做。

想想平日裡，但凡我們有事情需要爸媽幫忙，無論大小，他們都會很積極，也會格外負責，很少有推辭，這是為什麼呢？

那些帶孫子的老人，很享受照顧孫子，陪孫子玩，這又是為什麼呢？

其實，這一切都是因為老人覺得自己還能發揮作用，沒有成為孩子的負擔和累贅，心裡自然會很開心。

之前在網路上看過一個故事，說一個公司的總經理，經常用輪椅推著腿腳不便的母親去菜市場買菜，還讓老太太替他殺價，買好菜之後，聽著老太太的嘮叨回家。

而他的資產，其實可以把整個菜市場買下。

為什麼他還為老太太成功省下那幾塊錢而高興呢？

因為他想讓腿腳不好的媽媽覺得自己「有用」，兒子還需要她。

這個故事讓我想起了小時候的鄰居李叔叔，他和當時已經七十多歲的母親生活在一起。

他有個我很討厭的習慣，就是每年冬天，他中午都要趕回家，讓他媽媽煮餃子給他吃。

更讓人不解的是，他還經常帶公司的同事一起來家裡吃餃子。

新疆的冬天溫度都是零下，包好了餃子，直接放在院子裡就會冷凍，吃的時候拿進去直接煮，大自然就是我們的天然冰箱。

所以每年一入冬，李叔叔的母親就開始包餃子，幾乎天天都能看見她把餃子送到院子裡的身影。

「太不孝順了，奶奶那麼大年紀了還要幫他做飯。」每次看見李叔叔，我都偷偷向媽媽抱怨。

因為這個原因，我和妹妹們都不愛搭理李叔叔。

有天，碰巧聽見李叔叔和他同事的一段對話。

同事說：「你老媽年紀這麼大了，就別讓她辛苦了，你在公司餐廳吃午餐不就行了？」

「她好強，這幾年身體不行了，唯一可以幫我的就是包餃子了。」李叔叔點了一根菸，眼睛望向了遠處。

當時我自然是聽不懂李叔叔話裡的含義的，但直覺告訴我，李叔叔並不像我理解的那樣不孝順。

後來，老人家癱瘓了，記憶中李叔叔還會將擀好的餃子皮和餡端到媽媽面前，讓她幫他包餃子。

今天回憶起來，其實李叔叔才是真的孝順。

正所謂「百孝不如一順，百順不如一用。」讓父母永遠感到自己有用，還能幫忙孩子，而不是一個讓人操心的累贅，這才是讓他們晚年快樂的支柱。

老年人時常會有孤獨感和隔離感，表現在日常生活中就是覺得自己沒有價值，進而產生深深的失落。

在醫學上，針對老人有專業的心理護理，但專家依然認為，家庭的和睦是老年人身心健康的基礎。

記得有個電視劇裡有這樣的情節，兒子大學畢業在城裡買了房子，娶了媳婦，媳婦生了孩子，老人坐火車替兒子媳婦送來了一大筐土雞蛋，說可以幫媳婦補身體。

做兒子的，一方面抱怨老人何必這麼辛苦，土雞蛋城裡也能買到，一面強調媳婦只吃某某牌子的土雞蛋，硬是讓老人把雞蛋帶回去，說是讓他們自己補補身體……老人失落而歸。

其實，那一刻，兒子拒絕的不僅僅是一筐土雞蛋，而是斷絕了老人想為兒子做點什麼的權利。讓老人傷心失望的是，他不再被兒子需要。

家在農村的父母，大老遠替城裡的孩子送幾公斤的臘腸，或者是親手做的煎餅，不少兒女都勸誡父母不要再辛苦自己，說這些東西在超市、菜市場都能買得到的。

於是，我們將父母「趕」出廚房，自己做飯給他們吃。這樣做的結果是，讓父母覺得自己或許沒有用了。

據官方調查，多數老年人都渴望在有生之年能夠再為社會多做一些工作，而大部分老人，能做的就是帶孫子、幫子女分擔家務等等。這會對他們的身心健康有所幫助。

我們也為人父母，由己推人，在沒有老到完全不能動之前，每個人都希望再為孩子盡一份薄力，而不是成為一個混吃等死的老人。

我媽常說：「現在我還能幫你做飯、帶孩子，等老了，最怕自己沒啥用，成為你的負擔了。」

這話聽起來多少有些心酸，卻是一個揪心的事實。

很多老人家不願意和兒女住在一起，就是覺得自己幫不上忙，始終是客人，感覺不自在。

所以，從今天起，嘗試著給爸媽一些機會，哪怕做的只是微不足道的小事，哪怕他們會添亂。因為真正的孝順，就是讓爸媽覺得他們依然被我們需要，依然有用，他們對你、對你的家，很重要。

身為兒女，怎麼做才能讓父母覺得自己還有用呢？

首先，接受父母對我們的照顧和幫助。

每年春節回家，父母最開心的就是做一大桌子菜，然後看著我們吃完，那一刻，父母會覺得孩子還在身邊，沒有離開，也會為自己還能為孩子做他愛吃的飯而驕傲。

朋友小劉說，每次回家，他都要裝得像小時候一樣大口吃飯，哪怕早就沒了從前的胃口，因為他知道那是母親唯一可以在兒子面前自豪的東西。

小劉有次無意中說老家的紅薯好吃，結果，他時不時就會收到父母託人帶來的幾麻袋紅薯。小劉的父母非但不覺得麻煩，還很享受。

所以，接受父母對我們的幫助和照顧，適當地向父母尋求幫助是對父母最好的孝順。

其次，教會父母使用流行的科技產品。

現在的社會發展很快，幾乎每天都有新鮮事物出現，尤其是科技類的產品。如果能及時教會父母使用流行的科技產品，會讓他們覺得自己緊跟著時代的潮流，並沒有被這瞬息萬變的時代淘汰。

很多人都擔心父母學不會，其實大多數父母，雖然年紀大了卻並不算老，他們有基本的學習能力，也有分享社會發展和時代進步的渴望。我們不要低估父母的學習能力。

以我父母為例，他們之前用一般功能手機，只會接電話，後來我們幫他們買了智慧型手機，起初我還擔心父母學不會，結果，我示範了幾遍，他們就學會了。我們建立了家庭聊天群組，大家有照片就會發到群組裡，父母也能在第一時間看見。

其實，有時候我們只需要多一點點耐心，就能很大程度上讓他們感受到我們的孝心。

最後，讓父母有尊嚴地老去。

尊嚴這個詞我們經常提，但我們都是在努力維護自己的尊嚴，其實，父母的尊嚴更需要維護，尤其是在我們面前。

你留心就會發現，現在很多老人和孩子說話都很小心。其實，當父母小心和你說話時，他們就已經沒了尊嚴。

任何時候，父母都是長者，我們要尊重他們，不要對他們出言不遜、指手畫腳，更不能給臉色。

愛父母，就讓他們尊嚴地享受快樂的老年時光，希望我們的父母都健康長壽，開心快樂。

取悅自己，是終身浪漫的開始

《芳華》是唯一一部我經常回看的電影。

每次看完，何小萍在屋外草坪上翩翩起舞的那個情節，就在我的腦海中揮之不去。

隨著她不斷旋轉，逐漸面露微笑，我淚如雨下。可以說，那段獨舞的戲，是整個影片最為光輝和有力的一個片段。

黑漆漆的夜晚，沒有絢麗的舞台，沒有漂亮的演出服裝，沒有一個觀眾，也沒有任何掌聲，但卻是整部影片中何小萍跳得最棒的一次。

因為，她為自己而跳，只取悅當下的自己。那一刻彷彿有一股力量注入了她的身體，讓她的生命再一次得到甦醒，渾身散發著滿足。那一刻的她，好美。

還記得她被劉峰接到文工團的第一天，為了取悅看重她的舞蹈教官，她不顧坐了幾天幾夜的火車，身體還沒有拉筋，就表演了「翻跟斗」這樣高難度的動作。

當她不小心摔倒後，她下意識說的那句話，讓我的心揪了一下，她說：「我不疼……」

其實她不是不疼，而是為了取悅那些初次見面的文工團的團友們，她只能委屈自己。

馮唐曾說過：「敢於做自己，敢於表達自己，敢於取悅自己，才能在這紛亂的世界中站穩自己的位置，活出自己的格局。」

的確如此，唯有懂得取悅自己，才能記得初心。知道自己要去往哪裡，看待世界的格局自然也不同。

遺憾的是，現實生活中，又有多少人能夠做到不畏懼周圍人的眼光而獨獨取悅自己呢？

何小萍做到了這一點。經歷了無數個夜晚的暗自落淚，直到最後精神崩潰，當生活已經不能再糟糕時，她頓悟了。

我們呢？

有人說，只懂得取悅自己是自私的表現，我不這麼認為。

學會取悅自己，其實是更好好接納自己，包括對自己不足的接納、對失敗挫折的包容。

從記事起，我就是一個被大家嫌棄的小胖子，但我也始終都是小圈子裡的佼佼者。

無論是讀書還是工作，我都很拚命，我心裡很清楚，很多的努力只是為了讓家人、同事、朋友覺得我很厲害而已。

還記得國三的一次模擬考試，我發揮得不好，開家長會之前，我緊張得躲在被窩裡大哭，同學們都被嚇壞了。

他們不能理解的是，我已經是優等生了，只是這次考得差一點，有必要那麼傷心嗎？

其實我哪裡是傷心，我是害怕，害怕父母失望的眼神。

多年後，再回想當初的自己，那時的我，就和初入文工團的何小萍一樣，滿心都是如何取悅身邊的人，卻獨獨忽略了那個弱小的自我。

進入職場後，我依然很在乎身邊人的眼光，唯恐別人看不起我。

直到讀了一些心理學的書，學著自我療癒，我才明白，很多所謂別人眼中的自信和優秀，只不過是讓自卑蒙上了一層漂亮的面紗。

因為真正足夠有自信的人，並不是那些處處顯示出力量的人，如果一個人需要拿著刀走路，他的膽子肯定大不到哪裡去。

一個學不會取悅自己的人，將會永遠留在自卑的陰影中，自然也談不上真的長大。

當我開始試著取悅自己，即使自己身材不夠好，仍能欣賞自己的可愛之處。也不會再因為身邊某人一句否定的話就惴惴不安，更不會因為某一個失誤就否定自己，我清晰地知道自己要去往哪裡，然後安靜而篤定地往前走。

取悅自己，讓我的每一天都充滿了期待。

當我們做任何事情不是為了取悅別人，而是為了取悅自己時，會變得更加輕鬆與自信，做事情也更容易堅持。

這也是為什麼大多數人很容易就會把一個愛好堅持一輩子的原因，因為愛好往往都是讓自己快樂的事情。

就像《芳華》的作者嚴歌苓，她熱愛寫作，甚至說過「如果沒熱情就會退休」這樣的話。她是中國少數多產的作家，這和她對寫作的熱愛是分不開的。

當我們學會用自己的方式取悅自己，我們就會做自己，更重要的是，我們會努力成為更好的自己。

《芳華》的最後，旁白說，生活極為普通的何小萍反而被其他人欣羨，她勇敢地向林峰表白，然後選擇陪伴生病的林峰走過人生的最後一段時光。

人們羨慕她有勇氣取悅自己，按照自己的心選擇生活。

宋丹丹是很多人都喜歡的演員，對於取悅自己，她也有著很深刻的感受。她曾說過：「過去我總是不遺餘力地想使自己符合男人的標準，『我夠好吧？』成為口頭禪，但常常感到被輕視。現在我會說：『這就是我！』卻得到前所未有的尊重。」

正所謂「悅人者眾，悅己者王」，一個人不能同時取悅所有人，唯有取悅自己，別人才會取悅你。

高寶書版集團
gobooks.com.tw

高寶文學 069

聰明人從不走捷徑，夢想的路要用雙腳丈量

作　　者　夏文芳
特約編輯　夏　娜
助理編輯　陳柔含
封面設計　黃馨儀
內頁排版　彭立瑋
企　　劃　鍾惠鈞

發 行 人　朱凱蕾
出　　版　英屬維京群島商高寶國際有限公司台灣分公司
　　　　　Global Group Holdings, Ltd.
地　　址　台北市內湖區洲子街 88 號 3 樓
網　　址　gobooks.com.tw
電　　話　(02) 27992788
電　　郵　readers@gobooks.com.tw（讀者服務部）
傳　　真　出版部　(02) 27990909　行銷部 (02) 27993088
郵政劃撥　19394552
戶　　名　英屬維京群島商高寶國際有限公司台灣分公司
發　　行　英屬維京群島商高寶國際有限公司台灣分公司
初版日期　2021 年 9 月

原書名：聰明人都下笨功夫，愚蠢人只想走捷徑

國家圖書館出版品預行編目 (CIP) 資料

聰明人從不走捷徑，夢想的路要用雙腳丈量 / 夏文芳著 . --
初版 . -- 臺北市：英屬維京群島商高寶國際有限公司臺灣分公司 , 2021.09
　面；　公分 . -- (高寶文學；GLA069)

ISBN 978-986-506-216-3(平裝)

1. 生活指導 2. 職場成功法

177.2　　110013407